身近な人を守るために
知っておくべきこと

あやしい催眠商法
だましの全手口

ロバート・熊 著

自由国民社

はじめに

身近な住宅街で悪徳商法が行われています。しかも白昼堂々と。

コンビニの跡地に、「自然食品」「健康食品」の旗がずらりと並び、そこに多くのお年寄りが集まる。そんな光景を目にしたことはあるでしょうか？

これは、毎日ただ同然で配られる魅力的なお土産をもらうために、集まっているのです。そこでは「講演会」が行われ、お年寄りを楽しませる話や演出で盛り上がっています。

お年寄りはその雰囲気に酔わされてしまい、冷静な判断力が奪われてしまいます。

そして、何日もかけて話が前に進められ、最終的に、1年分で30万円、なかには100万円を超える健康食品がお年寄りに売りつけられるのです。

これは、悪徳商法の一種で「催眠商法」と呼ばれているものです。

この本は、そのような催眠商法の全貌を知るのに最適な一冊です。

そして、「だまされないために」「身近な人を守るために」知っておくべきことを分かりやすく解説しています。催眠商法は悪徳商法として有名ですが、その手口を、ここまで詳細に書いた本は今までありませんでした。

お年寄りを会場に閉じ込め、外からは何をしているのか分からない商法です。客として潜入し、手口を暴こうと思っても、開催期間は長期にわたり、手口は巧妙化・複雑化していて、「だましのポイント」は、そこで働く人でなければ分かりにくくなっています。

そういったことから、社会に出回る情報が少ないのが現状です。

筆者は6年間、催眠商法の会社に勤めてきました。

しかも、営業成績で何度も会社から表彰をされました。

この本は、手口を知り尽くした私だからこそ書ける内容です。

好成績を出していた私が、なぜ会社を辞めたのかというと、社長が交代し、その新しい社長がどうしても好きになれなかったからです。

そして、辞めた後、自分のしてきたことを真剣に見つめなおしたのです。その結果、このような商法は、世の中にあってはいけないと思いました。

まずは、このあとに続くマンガを見てください。

催眠商法の宣伝会場の雰囲気がよくわかります。世間話が面白くて楽しくて、通い続けたくなる場所。しかし、それは演出によるものであり、目的はお年寄りに高額商品を買わせることです。裏には巧妙に組み立てられたストーリーが存在します。「買わないでおこう」と心に決めていても、「これは絶対に買わなければいけない」という気持ちにさせられるのです。

第1章では、催眠商法の特徴である4つの危険性について解説しています。

第2章と第3章では、よくある2か月間の営業スケジュールに沿って、どんなセールストークをしていくのか、いかに信じ込ませて購入させるのかを、1日ごとに公開していきます。

もちろん詐欺師のトップシークレットを公開するので、どこの会社の営業の流れかは特定できないように加工しています。しかし、何日もかけてお年寄りの購買意欲を最大化させていく基本の流れは忠実に再現しました。「だまされないためのポイント」としてセールストークを冷静に受け止める見方も示しました。

第4章では、お年寄りと強い人間関係を築くために、従業員がどんな接客をしているかを紹介します。

そして第5章では、催眠商法の被害にあわないための対処法を解説しています。

「だまされないため」「身近な人を守るため」に役立てていただければ幸いです。

被害にあう方が少しでも減ってほしいと願っています。

山田
あら 田中さん！
ねぇ山田さん 近所に100円でお土産を配っているところがあるんだけど一緒に行ってみない？
山田さん 68歳
夫と死別し一人暮らし
田中さん 70歳
近所に住む女性
もしかしてそれって100円でお土産を配って
後で高いものを売りつける怖いところじゃないの？
近づかない方がいいわよ
高いものは買わずに100円だけにしておけばいいのよ 私もそうするから
それもそうねぇ
コンビニの跡地
近所の人がいっぱいだね これなら安心かも？
自然食品のお店
ザワ
ザワ

「近所の人が集まっているから安心」
「貰うだけ貰って買わなければいい」
と多くのお年寄りは思うけれど
それが心を奪われる第一歩になります
はじめまして 著者です
みなさん おはようございます 本日もお集まりいただきありがとうございます
ペコリ
ペコリ
うちの孫と同じぐらいの年の子が話しているわね
実は僕はまだ大勢の方の前でお話しするのに慣れてなくて
緊張して頭が真っ白になってます
緊張するとすぐに赤くなるんですよ
てへへ
大丈夫よ〜
がんばって〜
可愛いわねぇ
司会を担当する社員は
若い男性が多く、
緊張しながらも一生懸命に
話す姿に多くのお年寄りは
応援してあげたいという
気持ちにさせられます
そこで皆さんにお願いがあります
話の合間に「ハイ」と言っていただけますか？

「ハイ」と返事をいただけるとお話がとってもしやすいんです
ハイ
ハイ
なので返事の練習をしますね
僕がこのように手を振り下ろしたら、みなさんは「ハイ」と返事をしてください
では、行きますよー
ハイ
ハイ
ハイ
ハイ
ハイ
ハイ
ハイ
あっ、楽しい！
返事の練習、笑いの練習、手を上げる練習などで会場は活気づき、講師と客が一体化したような雰囲気にさせられます
いつもはここで社長に代わるのですが今日は僕の話もしていいって社長から言われました
パチ
パチ
パチ
小学生のころ両親が離婚しまして母親と2人で暮らしてます

彼らはお年寄りに可愛がって
もらえるにはどうしたらいいかを
熟知しています
苦労話や仕事への意気込み、
客への感謝の言葉などで
心を奪っていきます

それではみなさん
お待ちかねの
社長と代わります
盛大な拍手で
お願いします
どうも
どうも
改めまして
みなさま
おはようございます
パチ
パチ
パチ
パチ
パチ
パチ
パチ
パチ
今、司会をしてくれた
彼はとってもいい奴でね
私にとって子供みたいな
もんですよ
はっはっは
私もこの年になると
楽になりたいなんて
思うことがあるけど
楽になるって
死ぬことなんだよね
まいっちゃうね
アハハハ
フフフ
そーねー
ハハハハ
生きているといろんなことが
あってね、この前は40年前に
卒業した大学の同窓会があって
みんなでカラオケでも
行くかってなってね

はーー
かなわん
かなわん
歌うのは古い歌ばかりでね
何十年も前の歌をみんな
最近の歌だと思ってんのよ
ハハハハ
アハハ
クスクス
クス
クス
ハハハ
この話
凄く
分かるわ
久しぶりの挨拶が
生きてたか？
の生存確認に
なっちまったの
ハハハ
それとこの前2人目の
孫が生まれてさ～
孫ってどうしてあんなに
可愛いんだろうね
パチ
パチ
パチ
パチ
パチ
あまりに可愛いから
チューしようとしたら
嫁さんに
「お父さん汚いからやめて」
と怒られてね
あら
まー
アハハ
ハハハ
ばかやろう！
俺が汚いなら
このかわいい孫は
汚い俺の血も入ってる
るんだぞってね
プンスカ
アハハハ
ハハハハ
あはは
可笑しいわ
でも、こうして
みなさんと
笑っていられるのが
本当にうれしいですよ
フフフ

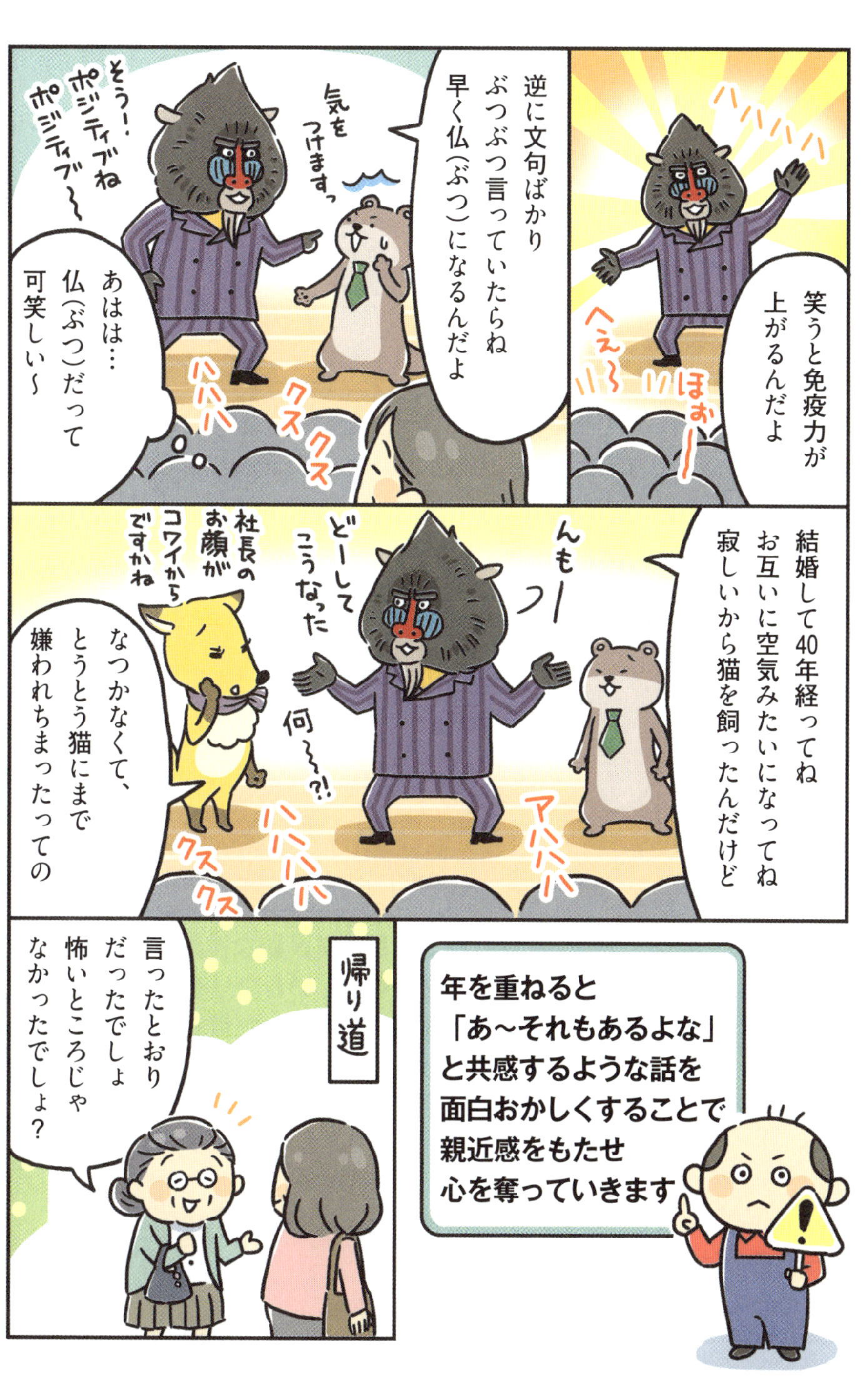

笑うと免疫力が上がるんだよ
ハハハハ
へぇ～
ほぉ～
逆に文句ばかりぶつぶつ言っていたらね早く仏(ぶつ)になるんだよ
気をつけますっ
そう！ポジティブねポジティブ～
ハハハ
クスクス
あはは…仏(ぶつ)だって可笑しい～
結婚して40年経ってねお互いに空気みたいになってね寂しいから猫を飼ったんだけど
んもーっ
どーしてこうなった
社長のお顔がコワイからですかね
何～～?!
なつかなくて、とうとう猫にまで嫌われちまったってての
アハハハ
ハハハ
クスクス
帰り道
言ったとおりだったでしょ怖いところじゃなかったでしょ？
年を重ねると「あ～それもあるよな」と共感するような話を面白おかしくすることで親近感をもたせ心を奪っていきます

すごく面白かった
それに高いものを
売るような話は
一切なかったわよね
でもね、
じわじわと
高いものの話を
してくるからね
気をつけないと！
危なくなったら
行かなければ
いいだけのことだよ
ホホホ
そうよね
買うか買わないかは
自分で判断することだし
それまでは楽しませて
もらおうかしら
催眠商法の目的は高額な健康食品を
売ることですが、いきなりそれに関係する
話はせずに目的を隠した世間話で
心を奪っていきます
アハハ
ハハハ
フフフ
お年寄りは毎日行くのが楽しみになり
行くのをやめられなくなるのです

目次

はじめに　3
マンガ　宣伝会場に誘われていった山田さんの話　7
第１章　なぜ催眠商法はなくならないのか？
催眠商法とは　20
危険性その１　合法的にふるまう　22
危険性その２　笑いと興奮の渦に巻き込む　25
危険性その３　完璧に信じ込ませる　30
危険性その４　毎日ただ同然で日用品を配る　34

第２章 「宣伝会場」では何が行われているのか？ 前編

「講演会」について知っておくべきこと（９割は商品とは関係がない話／開催期間について／会員へのアフターフォロー／従業員それぞれの役割） 44
前半１か月の営業スケジュール 61
１つ目の健康食品の販売（10日間） 64
もう一度同じ商品を販売する（５日間） 81
健康グッズの販売（５日間） 88
２つ目の健康食品の販売（７日間） 94

第３章 「宣伝会場」では何が行われているのか？ 後編

後半１か月の営業スケジュール 108

健康布団の販売（7日間） 110
3つ目の健康食品の販売（7日間） 119
4つ目の健康食品の販売（7日間） 129
5つ目の健康食品の販売（7日間） 143

第4章　なぜ通いつづけ、大金を出して買ってしまうのか？

なぜ、だまされるのか？ 156
従業員を親切でかわいい子と思ってはいけない 158
一対一で勧めてくる手口と対処法 169
買う快感から逃げられなくなったお母さん 180
病気の娘が助かるならと大金を出す親 185

第5章　被害にあわないための対処法

被害にあわないための3か条　1　近寄らない　190
被害にあわないための3か条　2「もったいない」と思わずに通うのをやめる　193
被害にあわないための3か条　3　クーリングオフに遠慮をするな　198
催眠商法で売られている商品は本物か？　204
親がだまされていないか、子どもがチェックするときのポイント　208
離れて暮らす子どもが親に「気を付けてね」と伝えるときのポイント　214
もし被害にあってしまったら　217
親が被害にあったときの対処法　222
電話番号「188」消費者ホットライン　226

おわりに　催眠商法の会社で働く人間の心理

228

第1章

なぜ催眠商法はなくならないのか？

催眠商法とは

催眠商法は悪徳商法の一種だ。
全国に数百社あると言われている。しかし、正確な数は誰も分からない。
彼らは、催眠商法と言わずに、
「自然食品のお店」「宣伝会場」など、もっともらしい名前で営業をしている。
その手口の基本的な流れだ。

①空き店舗、空き倉庫などを短期で借りる
②無料試供品などで多くの人を集める
③閉め切った会場内で、高額な健康食品や、健康器具を売りつける

被害にあうのは、ほとんどがお年寄りだ。

次々に20万円から40万円と、高額な商品を買わされる。

閉め切った会場内でどのような営業がされているのか？

この本には、私が勤めていた会社で学んだこと、2か月間の開催期間のなかで繰り広げられるだましの手口がすべて書かれている。

その前に知ってもらいたいことがある。

他の悪徳商法とは違う催眠商法の危険性だ。それを4つにまとめ上げた。

危険性その1
〈合法的にふるまう〉

催眠商法はどうして取り締まれないのか？

どうして、昼間の住宅街で堂々と営業をしているのか？


警察や国民生活センター、地方自治体は注意喚起をしている。

しかし、法律の範囲内で営業をしているようにふるまっているため、警察も簡単には違法行為の証拠をつかむことはできない。

いくら警察が注意喚起をしたとしても、違法行為の証拠をつかまない限りは取り締まることができない。

彼らは、法律で決められた範囲内で宣伝をしているように、ふるまっている。

- 「病気が治ります」といった、薬機法（旧薬事法）に引っかかるセールストークをする
- 客を軟禁状態にして契約するまで帰らせない
- 8日間以内なら無条件で契約解除ができる「クーリングオフ」を妨害する

これら違法行為に該当しないように、表立たないように行動している。

彼らの目的は、高額な健康食品や健康器具を売りつけることだ。

これも高額だからと言って、違法にはならない。

１万円で仕入れた商品を30万円で販売しても、１００万円で販売しても業者の自由だ。

過去に東京都からその悪質性が確認され、業務停止命令を下された会社もあるが、それはごく一部だ。

判断能力が乏しくなってきたお年寄りに、次から次に高額商品を売りつける。

貯金を全て奪い取り、保険を解約させる状況にまで追い込んでしまう。

しかし、被害届を出す客はほんのごく一部だ。

様々な地方自治体が注意喚起をしていても、この商法はなくならない。

催眠商法の業者は、自分たちのことを催眠商法の業者とは呼ばない。「自然食品のお店」「宣伝会場」などと名乗っている。

そうして法律の範囲内スレスレで営業をしている。

法律の範囲内なので、町で堂々と店を出せるのだ。

これが他の悪徳商法と違う、１つ目の危険性だ。

危険性その2
〈笑いと興奮の渦に巻き込む〉

閉め切った会場で、集団心理を利用し、冷静な判断力を客から奪いとる催眠商法。その具体的な手口を紹介する。

① 拍手をさせる

本日のお土産はオリゴ糖です。
今からお見せしますので、拍手をしてくださいね。

② ユーモアで笑わせる

マンガに登場した社長のように、ユーモアたっぷりに話す。

客も従業員も心から笑い、楽しく講演が進んでいく。

③ 相槌を打たせる

みなさんにお願いします。

お話の合間に、「はい」と相槌を打ってください。すると、とっても、お話がしやすいです。なので、今から返事の練習をします。

私が、右手を大きくこのように振ります。それに合わせて元気よく、「はい」と返事をしてください。いきますよ～～。

せいの～～。「はい」

もう一丁。「はい」

それ。「はい」「はい」「はい」

④ 笑いを義務づける

みなさんが、真面目に聞いてくださるのは嬉しいのですが、できればニッコリ笑顔で聞いてもらいたいです。笑うと健康にいいのです。笑うと免疫力が上がります。

というわけで、笑いの練習をしますね。

せいの～～。「ははははは」

⑤ 簡単なゲームで声援をおくらせる

今から会場を2つに分けます。

こちらのチームと、あちらのチームで目の前の社員が、トイレロール早巻きゲームをします。勝ったほうのチームのお客さんには、お土産が出ます。

元気よく「がんばれ～」と声援を送ってください。

⑥ 興奮に巻き込む

〈トイレロール早巻きゲーム〉
こちら側のチームが勝ちました。万歳します。せいの〜。
バンザ〜イ、バンザ〜イ、バンザ〜イ。

⑦ 手を上げさせる

手を上げる練習をします。
今日来てよかったですか？「は〜い」
分かってくれましたか？「は〜い」

- **声を出す**
- **笑う**
- **体を動かす（手を上げさせる）**

この3つをお年寄りに習慣づける。

静かにお話を聞くのではなく、常に「ハイ」「ハイ」と声を出させることで、気分を高揚させる。集団でそれを行うことで、会場内が一体化した空気に包まれる。

賑やかで楽しい場所だと、お年寄りに思わせるのだ。

最初は、怪しい場所かも？と警戒していたのが、**いつの間にか近所の人が楽しく集まる安心な場所だと勘違いしてしまう。**

そして、次の日も、また次の日も来たくなる。

社会的に孤立しがちなお年寄りにとって、貴重な娯楽と化してしまう。

こうなると、家族が行くのを反対しても、簡単にはやめられなくなる。

そして、**熱狂的な雰囲気のなかでは正常な判断ができなくなる。**気持ちが高揚させられたなかで、高額な商品が売りつけられる。

これが他の悪徳商法と違う、２つ目の危険性だ。

危険性その3

〈完璧に信じ込ませる〉

一対一のセールスの場合、1日にひとりでも多くの客を相手にしようとすると、どうしてもひとりの客にかけられる時間は限られてくる。

そこを解決したのが、会場に大勢の客を集める催眠商法だ。

100人、200人の客を相手に一気に説明することができる。

時間をかけることができるので、このような説明がきっちりとされる。

① 大げさな表現を避け、現実的にありそうな話で信じ込ませる

この健康食品で癌が治るとは言えません。ただ、医者が驚くほどの結果を出した人もいるのは事実です。

②世間的認知性を高める

新聞で取り上げられた話題の成分です。
長い歴史のなかで認められた健康食品です。

③希少性を高める

ごく一部の限られた地域でしか採取できない貴重な健康食品です。
年々、採れる量が少なくなり、今後はさらに価値が上がります。

④権威あるデータを示す

○○大学で発表されたデータがあります。
大手製薬会社が発表したデータです。

⑤ 高い付加価値を示す

従来のものよりも3倍の期間をかけて育てられたものを原料にしています。
一般のものよりもコストの高い製法で作られています。

⑥ 類似品と差別化を図る

市販のものよりも吸収率が3倍違います。
市場ではなかなか出回らない特上のものです。

⑦ 実績の高さを示す

今までに、これだけのアンケートをいただいています。
そのなかの、いくつかを読み上げていきます。

●リアルな説明
●世間的認知性
●希少性
●権威あるデータ
●高い付加価値
●類似品との差別化
●高い実績

このように、しっかりとした説明がされているので、「いい買い物をした」と客は納得をする。

完璧にだましているので、めったに訴えられることはない。消費生活センター等への相談件数も、他の悪徳商法に比べて極端に低い。世間の注目も低くなる。

世間が注目しないから、催眠商法は堂々と営業ができ、なくなることはない。

これが他の悪徳商法と違う、３つ目の危険性だ。

危険性その4
〈毎日ただ同然で日用品を配る〉

講演前に集まった客から100円を回収して、90分間の講演の後に魅力的な食品や日用品が配られる。お土産、記念品、試供品などと呼ばれるものだ。

毎回の講演ごとに、毎回違ったお土産が配られる。

1日2回講演する会社なら、お土産も1日2回。開催期間が2か月なら、2か月間ずっと、毎回お土産が配られる。

近所のお年寄りをたくさん会場に集めるためだ。

どんなに講師の話が面白くて、従業員の接客が気持ちのよいものであっても、お土産が魅力的でなければお年寄りは多く集まらない。

集客の要と言えるお土産は、このような予定で配られる。

【オープン午前の部】
トイレットペーパー12個入り
洗濯用洗剤
【オープン午後の部】
天然酵母３斤パン
いちごジャム400g

【２日目午前の部】
高級卵10個入り３パック
【２日目午後の部】
水稲もち米100％切り餅１kg
関西名店のお好みソース500g

【３日目午前の部】
果物ゼリー詰め合わせ
高野豆腐200g
【３日目午後の部】
ノルウェー産塩サバ特大１匹（冷凍）
五目寿司の素300g

【４日目午前の部】
ノンフライ袋ラーメン15食入り
キャノーラ油１kg
【４日目午後の部】
有明産50束味付け海苔ペットボトル
昔ながらの無添加味噌750g

【５日目午前の部】
お赤飯の素３合餅米付き
越後の箱入りおせんべい
【５日目午後の部】
島原手延べそうめん１kg
薄力小麦粉１kg

【６日目午前の部】
パティシエの菓子詰め合わせ
国産無添加リンゴジュース１L
【６日目午後の部】
ブランド牛のレトルトカレー５食入り
特選丸大豆しょうゆ１L

【７日目午前の部】
こしひかり米１kgを２袋
【７日目午後の部】
専門店の絶品ギョーザ20個入り（冷凍）
田舎そば５食入り（つゆ付き）

※その回に複数のお土産があっても、全てまとめて100円で配る。

このように毎回違った、魅力的なお土産が配られる。

ちなみに、お米が配られる日は、どうしても来てもらいたい日、売り出し日であることが多い。

一般的なスーパーで購入すると千円ほどするものが、１００円で手に入る。

しかも、業者が客に説明するお土産の通常価格は高めに設定されている。

卵は、餌と飼育環境にこだわったものなので１パック５００円だと説明する。

それが３パックで、本来１５００円のところが１００円で手に入る。


どうして、こんなにお得なのに、お年寄りだけが集まるのか？

それは、若い人の場合「いくらお得でも休みの日に90分も健康の話などを聞くことで時間をつぶすのはもったいない。それなら、安いスーパーで買い物をしたほうがいい」と思うからで、自然と足が遠のく。そして、お年寄りだけが通うようになる。


私がお土産の仕入れを担当していたころは、客ひとりにつき、１回のお土産の原価は８００円以内。売り出しなど大事な日は千円ほどの原価にしていた。仕入れ先は、主に催眠商法向けの卸の会社があり、そこのカタログから選んでいた。

オープンしてから最初の宣伝に10日間かけるとして、単純にお土産にかかる金額を計算してみよう。

客ひとりあたりの1回のお土産の原価800円－客が支払う100円＝700円の赤字。

客ひとり700円の赤字×200人の客＝1回14万円の赤字。

1回14万円の赤字×1日2回＝1日28万円の赤字。

1日28万円の赤字×10日間は280万円の赤字。

になる。

さらに空き店舗や、空き倉庫を短期で借りるには、長期で借りるよりも家賃が高くなる。悪事に手を染めることになる社員に支払う給料も、高額になる。

すると、その経費を回収して黒字化させるには、オープンしてから最初の商品で最低600万円の売り上げは必要となる。

30万円の商品を最低20セットだ。ちなみに、これは最低ラインの売り上げで、これだとボーナスもなにも出ない売り上げのラインだ。

毎日、１００円で魅力的なお土産を配るのは、客の「もらわなきゃ損」という気持ちを刺激して集客するためだ。しかし、**業者にとっては「売らなきゃ大損」の気持ちが強くなる。**

この1週間のお土産の内容はとても魅力的に見えるだろう。

そこで、「私はだまされないから、もらいに行こう」と思わないでもらいたい。だまされないかもしれないが、「あの人はもらい屋さんだ」と陰口を言われ、思いっきり嫌われる行為だ。他の買う客からも白い目で見られる。

業者は、笑顔で接客してはいるものの、「お土産狙いの買わない客」を憎たらしく思っている。

お土産の経費が大きくなればなるほど、彼らは意地でも高額商品を売ってお年寄りから金を吸い取らなくてはいけない。

「お土産狙いの絶対に買わない客」に使ったお土産代は「買う客」から回収する。

それができない会社は、経営が一気に傾く。

つまり、過剰な経費をかけている分、お年寄りから過剰にお金を吸い取らなくてはいけないのだ。

これが他の悪徳商法と違う、４つ目の危険性だ。

次の第2章と第3章では、実際に2か月間、どのようにお年寄りをだましていくのか、その具体的な宣伝内容を順番に紹介していく。

読み進めていくと、すべては仕組まれているということが、よくわかるだろう。

催眠商法４つの危険性

1 合法的にふるまう
問題点（国が簡単には取り締まれない）

2 笑いと興奮の渦に巻き込む
問題点（正常な判断が下せなくなる）
（お年寄りにとって貴重な娯楽と化してしまう）

3 完璧に信じ込ませる
問題点（お年寄りからの被害届がほとんどない）
（被害が明るみに出ないので世間が注目をしない）

4 毎日ただ同然で日用品を配る
問題点（お土産代のコストを客から回収しなければいけない）

第2章

「宣伝会場」では何が行われているのか？ 前編

「講演会」について知っておくべきこと

1　9割は商品とは関係がない話

「宣伝会場」（もしくは自然食品の店）では、毎日「講演会」を行っている。時間は会社によってさまざまだが、午前の部10時から90分間、午後の部14時から90分間といったところが多い。

なかには、18時からの夕方の部も行うことで、1日3回講演をするところもあるが、昼間に活動をする高齢者をターゲットにするので、どちらかと言うと1日2回が多い。

その1回90分間の講演では、商品の話は1割ほどしかしない。

残り９割は何の話をしているのかというと、マンガで出てきたような世間話と、お年寄りにウケる人生の気づきの話と、健康にまつわる豆知識だ。

世間話は、会場に集まった近所のお年寄りが共通して受け入れやすい話をする。最近あった、身近で面白い話。テレビで話題になっていること。自分のことを深く知ってもらうための、ちょっとした体験談。講師によって持ちネタも違い、そのときの天気や周辺の道路状況や、客との最近の面白いやり取りなども話のネタにする。

マンガに登場した社長のように、ユーモアたっぷりに話をする。これは講師に親近感を持ってもらい、客との距離を縮めるのが目的だ。

人生の気づきの話は、お坊さんの説法のようなものだ。その目的は、お年寄りはお坊さんの説法のようないい話が大好きで、聞き入ってくれるということと、お金を使わないというブロックを解除させる話につなげることができるからだ。

若い人に比べ、貯蓄高が高いと言われるお年寄り。それは、若い時からの節約志向によるものだ。

そして老後になり、自由に使えるお金が多くあっても使わない人が多い。その理由は老後の備えである。老後が始まっているのに、その先の老後の備えを気にする人は多い。

60歳を超え、「もう、私は長くないわ」と言いつつも、実際はいつまで長生きするかは分からない。長生きはしたいが、長生きをするには今の貯蓄で足りるかと心配になる。病気のリスクもあれば、子どもにちょっとした財産ぐらいは残しておかなくてはという気持ちもある。

そういうわけで、お金を持っていても使うのが怖いのだ。その心のブロックを、講師は解除していく。

講師によって持ちネタは若干違うが、ほぼ共通するものを紹介する。

大きく分けて3種類ある。

①お金を残して死んでも、子どものためにはならない話
②ため込むだけため込んで死ぬことが、いかに寂しい人生かという話
③お金を持っている人が、必ずしも幸せではないという話

いずれも「あっ、そうだな」と思う話である。

【①の話の例】

新聞の切り抜きを見せながら話す。親が残した多額の遺産を奪い合い殺し合いに発展した兄弟の事件だ。

また、親が残した遺産で子どもが働く意欲をなくし、することがないためにギャンブルや酒におぼれて犯罪者になった例も出す。

【②の話の例】

ウォール街の魔女と呼ばれ、当時世界一のお金持ちと呼ばれた女性。さぞ幸せな人生を送っただろうと想像するが、彼女はお金を使うのを極度に嫌い、一生涯貧乏そのものの生活をした。さらに息子の足の手術代もケチって、結局、息子は足を切断する羽目になった話。

【③の話の例】

大きな病院に余命半年の大富豪が入院していました。その大富豪はその大病院を3つは買い取れるほどのお金持ち。ありとあらゆる高額な治療を施したが、もう先は短くなった。そんなときに担当医と院長にこう言った。

「わしの寿命をあと3年延ばしてくれたら、お前にわしの財産の半分をやろう」と。しかし、どんなにお金を積まれても延命できるものではなく、その方は間もなく亡くなった。

ここでポイントとなるのは、その方の財産の半分というのはとてつもない額であるが、全額と言わずに半分と言ったことにお金がその人の人生そのものだということを物語っているという話。

3種類の話の例はこんな感じで、後は講師によってさまざまなバリエーションがある。こうしてお金を使うことへの恐怖を、逆にお金を使わないことへの恐怖に変えてしまう。

どんなにため込んでも、この世で使わなきゃ、天国には持って行けない。お金を残すことは決して子どものためになるとは言えない。たった一度の人生で、せっかく手に入れたお金を使わない寂しい人生を送っていいのか？　そんな気持ちにさせる。

そうして本題の高額商品の説明に入る。話の本当の目的を知らなければ、それは面白おかしい話に聞こえる。

「へぇ〜〜」

「ほぉ〜〜」

とお年寄りは話に食いつく。何気ない話をしているように思われているだろう。

しかし、すべては仕組まれている。きちんと流れに沿って話がされているのだ。

健康に関する豆知識は、とても身近な問題だけれども、普段ほとんど考えることがないことで「あれって、どうなのですかね？」と問いかけると、ほとんどの人が答えられないことをネタにする。それでいて、答えを聞くと「へぇ〜」とうなずくような話をする。その具体例だ。

人間の臓器のなかで一番大きなものは何でしょうか？

答えは毛細血管です。

どれだけの長さがあるか分かりますか？

答えは地球2周半です。

年とともに減少するのですが、60歳でどれだけ減少するでしょう？

実は40％も減少するのです。

そこで簡単な実験があります。

みなさんの片方の人差し指の爪を、もう片方の親指と人差し指でぎゅ～と抑えてみて、それからぱっと離してみてください。どうなりました？

爪は一瞬白くなって、またすぐにピンク色になりましたよね？

でも、なかなか戻らない人もいるのです。

これは爪の上からピンク色の毛細血管が見えているのですが、その毛細血管が老化をしているからです。

そこで質問、年を重ねて少なくなった毛細血管はもう一度増やせるか？　それとも増やせないか？　どっちだと思います？

答えは「増やすことができる」です。

といった毛細血管に対する興味深い話に、講演時間の多くを費やす。

なぜ商品の話は１割ほどで、残りの９割は世間話や健康の豆知識なのか？

例えば、テレビの60分番組でずっとコマーシャルをしていたら、見に来る人は少なくなる。催眠商法も同じで、90分間の全てで商品の話をしてしまうとお年寄りを飽きさせてしまう。なので、講演内容の９割を、楽しい世間話、気づきの話、健康の豆知識で構成する。こうすることで、お年寄りに「楽しくてためになる話をしてくれる場所」だと勘違いさせるのだ。

2　開催期間について

催眠商法の開催期間は、１日、１週間、２か月、なかには半年など、会社によって違う。そのなかでも、１か月から３か月で開催する会社が多い。

短い開催期間で別の場所に移動をしてしまうと、会社の信用を失ってしまう。お年寄りの間で、「あの会社は売るだけ売って、すぐに遠い場所に移動する」とうわさが立ってしまう。

長期にわたって開催したほうが、深く信じ込ませることができる。客との深い人間関係を築き上げることができる。だからと言って、同じ顔触れの客たちに高額商品を売り続けるのは限度がある。

信用もされつつ、同じ顔触れの客に売り続ける限度も考えると、**2か月間がほどよい期間だとされている。**よって、本書では2か月間の営業の流れを紹介する。

2か月間、その日ごとに意味があり、全体のストーリーがある。いきなり核心（売ること）に迫るのではなく、少しずつ話を前に進めていく。

このストーリーは、毎日聞くことでより深く信じ込ませることができる。なので、お年寄りには毎日来てもらうように義務付け、気持ちを誘導していく。

ストーリーの内容は会社によってさまざまだが、大体共通しているパターンがある。本書ではそのよくあるパターンを踏まえて、2か月間の宣伝内容を紹介していく。

3 会員へのアフターフォロー

開催期間が終わると別の地域に移動をする宣伝会場。

一旦「さよなら」をした様々な地域の会員に、アフターフォローをする。

地域ごとに月に一度、その地域の会員に案内はがきを出し、1日だけの楽しい講演会を行う。これは「会員の集い」「友の会」などと呼ばれるものだ。

会員でない方はお断りで、案内はがきを持っている方だけが参加できる。

そして、はがきと交換で「ご来場プレゼント」の卵やパンなどが無料、もしくはただ同然で配られる。


その1日だけの会場は、地域で借りられる貸し会議室、レンタルスペース、イベントホールなどで行う。

地域の商工会議所を利用することもある。商工会議所は、マルチ商法、催眠商法などは使用できないことになっているが、「シニア世代の健康講座」「健康ライフセミナー」などということにして借りている。

また、会員証には1年間や2年間といった有効期限がある場合が多く、その期間内に10万円以上の高額商品を1つ以上購入しなければ、更新ができないシステムになっている。

会員証の有効期限は会社によって方針がまちまちで、売るだけ売ってそのうち逃げる気でいる会社は、「永久会員です」と言って会員を募ることもある。

さらに、買った金額により、プラチナ会員（5年間有効）、ゴールド会員（3年間有効）、シルバー会員（2年間有効）、一般会員（1年間有効）などを設けていることもある。

定期的に会員の集いをすることにより、会員証の有効期限が近付いている会員に高額商品を勧めることができる。その集いは、地域の会員仲間が集まる同窓会のようなものになる。社会的に孤立しがちなお年寄りにとって、貴重なコミュニケーションの場になってしまう。そのため、多くのお年寄りが、会員更新のため定期的に高額商品を買い続けることになる。

また、「会員の集い」を担当する従業員と「宣伝会場」を担当する従業員は違う場合が多い。そこで定期的に、「宣伝会場」の従業員を「会員の集い」に参加させることによって、会員に「懐かしい子に逢えた」という喜びを感じさせ、定期的な高額商品の購入を促す。

さらに、月に一度の集まりとは別に、大きなホールを1日借り切って、広範囲の地域の会員を集める大きなイベントを年に数回行うことがある。

- **有名な演歌歌手を呼んで、会員だけの無料コンサートを行う**
- **普段ばら売りしない健康食品を、特別価格でばら売りする**
- **企画した旅行を売る**

などだ。

ちなみに旅行は、国内だけではなく、海外（主に中国や韓国）もあり、希望する客には、従業員が車いすを用意して押すなどのサービスも行うので、普段遠出をしないお年寄りに大変喜ばれる。

海外旅行の最中には、旅行記念として、健康食品がお得に見せかけた値段で販売される。旅の途中の、一番気持ちが高揚しているときに売りだされるので、多くのお年寄りが買うことになる。

このように、**月に一度の集まり、年に数度の大きなイベント、無料で招待する演歌歌手のコンサート、旅行の企画などで会員のアフターフォローを行う。**

世間では催眠商法は「売り逃げ」のイメージが強いが、大手になればなるほど、会員のアフターフォローに力を入れている。

会社の信用を高め、長期にわたって顧客に金を落としてもらう戦略だ。

4　従業員それぞれの役割

講演会における従業員の役割は、講師とアシスタントの2つだ。

講師は、客の前で講演をする役割で、アシスタントは講師の横に座り、場を盛り上

げる役割を担っている。標準的な100人から200人ほどの客を相手にする会場では、講師1名とアシスタント3名から4名で営業をする。

講師の話を盛り上げるアシスタントの仕事内容は、テレビの通信販売をイメージすると分かりやすい。商品の良さを説明する司会者の話に合わせ

「うわ〜、すごい」

「そんなにサービスしていいのですか？」

と大げさに驚いて見せるアシスタント。

テレビの視聴者は無意識に、司会者の横にいるアシスタントを自分と一緒に話を聞く立場だと思ってしまう。なので、アシスタントが「私も欲しいから買う」と言うと、視聴者も、その言葉に自分の気持ちを重ね合わせて、「私も欲しい」となってしまう。

催眠商法のアシスタントは、テレビの通販よりもさらに大げさで、小刻みに合いの手を入れていく。それは、カラオケの手拍子に似ている。周りが手拍子をするとノリノリで歌うことができるのと同じで、小刻みに合いの手を入れることで講師の気持ちを高める効果がある。100人の客の気持ちを4人の従業員の声で支配する感じだ。

具体的な例を紹介する。

講師　「この健康食品の良さを分かってくれました？」
アシスタント　「ハイ」↑最も多用する合いの手
講師　「私の下手くそな説明でしたけれど」
アシスタント　「いえいえ〜」↑笑いを取り、場を一旦和ませる合いの手
講師　「この健康食品は安いか高いか、どっちですか？」
アシスタント　「高〜い」↑講師が求めている答え
講師　「でも今回は、特別な条件にすることができました」
アシスタント　「おお〜〜」↑期待の空気感を引き出す
講師　「本来は1年分で50万円のところを40万円も切って」
アシスタント　「ええ〜、すご〜い」↑場の熱量をどんどん上げていく
講師　「今回は特別に、30万円でお分けいたします」
アシスタント　「うわ〜、良かったですね」↑拍手とともに熱狂的な雰囲気を最大化させる

このように、アシスタントは講師の話に、場を盛り上げる合いの手を入れるという大事な役割を担っている。

さらに**アシスタントは、客の一人ひとりに接客をしていき仲良くなる。**

そして、**商品が売り出されると、客に個別に声掛けをして購入を促していく。**

なぜ、個別に声をかけていくことが必要なのか？　いくら講師の話が上手でも、30万円、40万円の高額商品なので、購入をためらう人は多い。個別に声をかけることで、迷っている客の背中を押すことができる。

また、はなから買う気がないお年寄りもいる。そういう人には個別に声をかけなければ、「話を聞いて、お土産がもらえて、買わなくて済む会場」に思われてしまうからだ。

以上が、講演会についての前提知識だ。

なお、この本で紹介する2か月間の営業内容では、アシスタントの合いの手を省略した。また、世間話や気づきの話や健康の豆知識などの売りに直結しない内容も省略した。

90分の講演内容を全て文章化してしまうと、冗長すぎて、その講演の意図が分かりにくくなるからだ。

前半１か月の営業スケジュール

最初の１か月の目的は、高額商品を１つでも買ってくれた客をひとりでも多く作ることだ。

高額商品を買ってくれた客に会員証を発行し、２か月目からは会員だけの集まりで営業をする。そのため、まず、その会社で**最も自信のある商品を販売する。**

初めての客も多く、まずは信用をしてもらわねばということで、**最初の商品は他の商品よりも長い期間をかけて宣伝する。**したがって、前半に紹介する高額商品は２つしかない。

後半、会員だけの集まりにするのは、買うことに理解のある客だけで営業すると効率が良いからだ。

前半１か月のスケジュール例

2018・ H30

10 October

1	Mon	
2	Tue	
3	Wed	
4	Thu	
5	Fri	
6	Sat	
7	Sun	
8	Mon 体育の日	
9	Tue	
10	Wed	オープン（宣伝の目的の説明）
11	Thu	↓
12	Fri	１つ目の健康食品の説明
13	Sat	↓
14	Sun	↓
15	Mon	↓
16	Tue	１つ目の健康食品の予約
17	Wed	↓
18	Thu	１つ目の健康食品の引き渡し
19	Fri	↓
20	Sat	休み
21	Sun	１つ目の健康食品の再説明
22	Mon	↓
23	Tue	１つ目の健康食品の再販
24	Wed	↓
25	Thu	↓
26	Fri	休み
27	Sat	健康グッズの説明
28	Sun	↓
29	Mon	↓
30	Tue	健康グッズの予約
31	Wed	健康グッズの販売

11 November

1	Thu	休み
2	Fri	２つ目の健康食品の説明
3	Sat 文化の日	↓
4	Sun	２つ目の健康食品の予約
5	Mon	↓
6	Tue	↓
7	Wed	２つ目の健康食品の引き渡し
8	Thu	↓
9	Fri	休み
10	Sat	
11	Sun	
12	Mon	
13	Tue	
14	Wed	
15	Thu	
16	Fri	
17	Sat	
18	Sun	
19	Mon	
20	Tue	
21	Wed	
22	Thu	
23	Fri 勤労感謝の日	
24	Sat	
25	Sun	
26	Mon	
27	Tue	
28	Wed	
29	Thu	
30	Fri	

そのために**最初の1か月間でどれだけの会員を確保できるかが業者にとって重要な課題**になる。

次のページから、業者がその日に目的とすることに焦点を当てて、1日ごとの宣伝内容を紹介していく。世間話などを省略することで、業者の意図がよく理解できるようにした。

1つ目の健康食品の販売（10日間）

1日目＝宣伝の目的の説明

当社がここに来た目的は宣伝です。
何の宣伝かというと、みなさんの前にずらりと並んだ商品をご覧ください。
ハチミツ、ボディーソープ、お米、お茶、全てこだわって作られています。
お値段は他の市販のものよりも高くなっています。
店に並べているだけでは良さは伝わりません。
チラシやテレビのコマーシャルはどうでしょうか？
テレビのコマーシャルは効果的ですが、お金がかかります。

そこで、テレビのコマーシャルにお金をかけるのではなく、**まずはみなさんに１００円で試してもらって、良さを知ってもらおうという宣伝方式をとるようになりました。**

ですから、１００円で、魅力的な商品をお配りできるのです。

だまされないためのポイント

ただ同然で日用品を配る理由が**「試してもらうため」というのは、客を安心させるためのウソ**だ。高額な商品を売りつけられるのではないか？という警戒心を消すためだ。

魅力的な日用品を配るのは客寄せのためで、業者にとっては赤字である。それを回収するために、高額な健康食品を売らなければいけない。

2日目 安い商品を売って信用させる

お手軽にプロの味を引き出せる、天然だしパックです。北海道産日高昆布や鹿児島県枕崎産の鰹節など合計7種類の天然素材が入ったもの。たった1分煮だすだけでまるで料亭のような味が簡単に出せます。

これは1箱に15袋入っていてお値段は1800円です。でも、ここは何の会場ですか？　そうですよね、宣伝会場ですよね。

みなさんに喜んでもらってこその宣伝です。

今回は、通常1箱15袋入り1800円のところ、500円で販売します。

ご希望の方は今から予約券をお配りしますので、受け取ってくださいね。

だまされないためのポイント

赤字覚悟で買いやすい金額のものを販売する。多くの人が喜んで買う。

「お買い得な商品を宣伝するところ」と勘違いしてはいけない。

高額商品を売りつける前に、信用させているだけだ。

3日目「いよいよ売られるかも？」の警戒心を解く

みなさんに、試してもらいたい健康食品のサンプルがあります。

これを試していただくと、早い人なら次の日から良さを実感できます。

肩こりが良くなった。目がすっきりした。お通じが良くなった。

そんなのは当たり前です、今までの常識を覆す健康食品です。

数多くの病気で苦しんでいる人を救ってきたものです。

それを、今からみなさんにお配りします。夜寝る前に必ず飲んでくださいね。

それと、私たちはみなさんに毎日来てもらいたいと思っています。そのほうが、宣伝をよく理解できるからです。

そこで、できる限り、続けて来てもらいたいということで、**スタンプカード**をお配りします。来店ごとに毎日1回スタンプが押されます。7日以内に5つスタンプがたまると、素敵な記念品と交換します。

だまされないためのポイント

健康食品のサンプルが配られると、「いよいよ高額商品の売りの話が始まるんだな」と多くの客に悟られる。

宣伝は、どんどん本来の目的である高額な健康食品の話に移行していく。

そこで、行くのをやめようという気持ちが生まれる客。

そろそろ売り出しの話が始まるのかな？　そろそろ行くのをやめようかな？

そんな気持ちが出てきても、**せっかくスタンプをためているのだから、5個たまるまで行こうと思ってしまいがちだ。**毎日もらえるお土産に加えて、素敵な記念品ももらいたい。**これはもらえるものはもらわなきゃ損だという気持ちを利用している手口だ。**

４日目　飲んで良かった人の声を聞かせる

「まずは良さを実感してください」と、健康食品のサンプルを配った次の日。

「先ほどの方も、昨日のサンプルを飲んで朝の目覚めが良くなったそうですよ」

「こちらでも、お通じが良くなったと言っていますよ」

と、会場全体で社員同士が声をあげる。

すると客のなかには、「実は私も、飲んだら肩こりが楽になったみたい」と、本当の声を上げる人が出てくる。

そこで社員は、「こちらの方は肩こりが楽になりました」と叫ぶ。

本当の生の声なので、他の客に大きくアピールできる。

一人ひとりの接客の際に、「先ほどの方もね、昨日のサンプルを飲んだら足の痛みが楽になったんだって。いや〜嬉しいね〜」と声をかける。

会場全体を「飲んで良かった」「試して良かった」の声で熱狂的な雰囲気にさせてしまう。

だまされないためのポイント

健康食品のサンプルを配った次の日から、社員は、客の飲んで良かった声をアピールする。ほとんどがウソだ。

ところが、100人も200人もお年寄りが集まると、**何人かは思い込みで効き目を実感する。**それを社員は、他の客に聞こえるように大きな声でアピールしてくる。

大勢集まれば、思い込みで効き目を実感する人が出てくるのは当然のことだ。

その健康食品が素晴らしいという証明にはならない。

5日目 わざと全員分は用意せずに会場をざわつかせる

今回宣伝している健康食品。

世界でもごく一部の地域でしか採れないものです。

そして、これのなかでも、さらに限られた場所でしか採れない最上級のランクのものがあります。

通常のものよりも効き目のパワーが7倍違います。

しかし、非売品で販売することができません。

採れる量が少なく、販売できませんが、そのすばらしさを実感してもらえればという思いで、**サンプルとしてなら配ることができます。**

ただ残念なことに、世界でも採れる量が少なく、貴重なものなので、今日、お集まりの方、全員には配れません。

前から順番に配ると後ろの方まで足りませんので、いらない方は手を出さないでください。

※前から順番に配り、後ろに座っている数名には当たらない。
※もらえなかった数名の客は怒り、会場はざわつく。

だまされないためのポイント

最初に配ったサンプルよりも、さらに上のランクのものがあると言って価値を高めるのは業者の常套手段だ。

限られた場所のみで、採れる量が少ないと希少性を煽り、サンプルを配る。しかし、全員分は用意されていない。

サンプルをもらえなかった人が怒る姿を見て、**「私はもらえた。ラッキー」と思わない**ことだ。その嬉しい気持ちが、心を奪われるきっかけになる。

後ろの数名に足りないように、わざと数を減らして用意されている。

全て、最初から仕組まれていることだ。

6日目 自分たちが売りたいのではなく、客のためだと言う

今回宣伝をしている健康食品ですが、通常のものと非売品のものがあります。非売品の方は通常のものよりも7倍のパワーがあります。

今回、特別販売するのは通常タイプです。

ところが、多くのお客さんから、この非売品の方で販売してほしいとお願いされました。なので、製造元の社長に掛け合って、どれだけの数が用意できるか分かりませんが交渉してみようと思います。

だまされないためのポイント

本来販売することができない特別な健康食品だというのは、希少価値が高いからではなく、希少価値が高いと思わせるためのウソだ。

お客さんから「販売してほしい」とお願いされたというのはセールストークだ。

気を付けなければいけないことは**「他の人も欲しがっている」と勘違いしない**ことだ。勘違いすると、欲しいという気持ちがどんどん高まってくる。

7日目　2つを比較させてお得なように見せかける

こちらの健康食品。

本社で販売しているのは、1箱1か月分で3万円です。飲む期間の目安は1年。

1年というのは、体質を改善するために必要な期間です。

1年分になると12箱で36万円です。

しかし、本社では販売していない、これの7倍のパワーがある特別タイプがあります。本当に重症の患者さんだけにお分けできるもので、一般にはお分けできないものです。

その特別タイプは、1箱1か月分で5万円です。1年分だと60万円です。

比べてみてください。

通常タイプは1年分36万円。
特別タイプは1年分60万円。

パワーが７倍ですが、値段が７倍になるわけではありません。

本来は一般の方には手に入らないものですが、今回限り、特別タイプでご用意させていただくことになりました。

しかも、数量限定ですが、１年分セットで通常タイプの36万円よりも安くできたらどうですか？　嬉しいですよね。

今回は、この本来非売品である特別タイプを、１年分32万円で販売させていただきます。特別な条件なので、早い者勝ちです。

だまされないためのポイント

今回限り、特別タイプが通常タイプよりもお得になる。

会場は熱気に包まれ、お買い得な価格に勘違いさせられる。

惑わされてはいけない。通常タイプと特別タイプがあるのは、２つを比較させて、最終的にお得なように勘違いさせるためだ。

8日目 売れている演出と、数の煽りを入れる

みなさんの目の前の天井からぶら下げている、張り紙を見てください。

○○様

○○様

これは、今回ご注文いただいた方のお名前を張り出させていただいています。

これだけたくさんの方にご注文をいただきました。

あと、ご用意できる数はわずかです。

だまされないためのポイント

売り出しが始まると、カーテンなどで会場が狭められる。これは、売り出しとともに客が減ったと感づかせないためだ。

さらに、ご注文の張り紙がずらりと張り出される。これは**実際の注文数よりも**

かなり多めに、架空の名前を張り出している。そうすることで、売れているように見せかけている。

「人気がある」「みんな買っているから私も」と勘違いしないことが大事だ。

9日目から10日目＝「これだけ買えばいい」とウソを言う

講師の話は、今までの復習が中心となる。

そして講演前と講演後の休憩時間に、アシスタントが個別に購入を促す。

このような勧め方をする。

いや～、すごい人気ですよ。

どんどん注文が入ってきていてね。もうビックリですよ。

※いきなり「どうですか？」と勧めるとすぐに断られることが多いので、このような切

り口で話しかけてくる。

お母さんも、これだけ決めておけばいいですよ。
というのもね、うちで、体質を改善するのはこれだけしかないんですよ。
これが、全ての基本でね。一番の健康食品なんですよ。
だから、これだけ決めてくれたらいいですよ。
あれも、これもと言わないから大丈夫ですからね。
僕に任せてくれたらいいですからね。
とりあえず、お名前をお聞きしますね。

※「お名前をお聞きしますね」という表現は、「注文をしてください」という表現を柔らかくしているだけだ。

だまされないためのポイント

個別に勧めてくるアシスタントは、一人ひとりを説得するプロである。

客のなかには「ここは２か月間営業をするのだから、他にもいいものが出てくるかもしれないから、今回は様子を見よう」と購入を見送ろうとする人がいる。

それを彼らは許さない。

「あれもこれもと勧めないから大丈夫ですよ」

「これだけ買ってくれたらいいですよ」

「体質改善するのはこれだけですよ」

と勧める。

だまされてはいけない。

２か月間の営業で、６つほどの高額商品を売りだす。

「これだけ買えばいいだろう」と思って最初に１つ買ってしまうと、次も、その次もと勧められる。

そこで「あのとき『これだけでいい』と言ったでしょ?」と彼らに言っても、上手くはぐらかされる。

「あれは、体質改善と言う意味で『これだけです』と言ったので、今回はまた別の問題です」と切り返される。

「これだけ買えばいい」と言う言葉を真に受けてはいけない。

もう一度同じ商品を販売する（5日間）

1日目 数量限定の特別な条件は終わったと言う

今回特別にご用意した数が、すべて完売しました。

手に入れられた方には、間違いなく喜んでいただけると思います。

飲んで良い結果がでたら、お知り合いの方に宣伝してくださいね。

そこで間違ってほしくないのが、みなさんが手に入れた特別タイプではなく、通常タイプの方を宣伝してくださいね。


特別タイプは非売品です。

前回は特別に数量限定でお出ししたので、一般の方は欲しくても買えません。

なので、お知り合いの方に宣伝してほしいのは、みなさんが手に入れた特別タイプではなく、通常タイプのものです。

そして、今回ご注文されなかった方も、本社では通常タイプを販売していますので、ご希望の方は、通常タイプを購入してください。

だまされないためのポイント

特別タイプは完売し、次に欲しい人は通常タイプになる。

特別タイプを手に入れた客は、「お得な条件で買うことができた」と喜びの表情を見せる。「間に合って良かった」「運よく手に入れた」と喜ぶ客もいる。

そこで、**「もしかして、チャンスを逃したのかな?」と勘違いしてはいけない。**

買っていない人を後悔させるのは、業者の常套手段だ。

2日目 もう一度売ってほしいという人がいるとウソを言う

今回、たくさんの方に手に入れていただき、喜びの声をいただいています。

しかし、困ったことが出てきました。

「あのとき、申し込んでおけばよかった」と言われる方が出てきたのです。

でも先日まで、私たちはみなさんに一生懸命お勧めしましたよね？

それはみなさんに飲んでいただければ、必ず喜んでもらえるという自信があるからです。自信のないものはお勧めしません。

でも、いくら安くなったからといって「はい、そうですか」と返事できなかった方もいますよね。

さらに「お友達が飲み始めているので、私も」と言う方もいらっしゃいます。

さきほど、あるお客さんに相談されました。

「内緒で私だけでも、あのときの条件で売ってほしい」と。

こればかりは、私の力では無理です。

でも、あのとき申し込んでおけばよかったという方がいらっしゃいますので、駄目もとで、もう少し数を用意できないものか、製造元の社長に相談してみます。

だまされないためのポイント

「もう一度売ってほしい」「あのとき買っておけばよかった」と後悔している客がいるというのはウソである。**もう一度売りたいがためのセールストークだ。**

3日目　客のアンケートを読み上げて買っていない人を追い込む

この健康食品を飲んでいる方たちへのアンケート結果です。

これを読むと、血圧症、高コレステロール症、肝炎、気管支喘息、腎臓病、アレルギー性疾患、神経痛、腰痛、便秘、白内障、五十肩など、今まで何を試しても駄目だった人が、これで良い結果を出しているという実績があります。

一生に一度の、体の大掃除です。

そして、先日で特別タイプは完売したのですが「もう一度宣伝をしてほしい」という声を多くいただきまして、メーカーに交渉しました。

すると、この会場でひとりでも多くの方がこの健康食品の良さを実感していただいてファンになってくれるのであれば、もう一度だけですが、お出ししてもいいということになりました。

ただし、前回よりも用意できた数は少ないです。

用意した数がなくなれば、もうお出しできません。

だまされないためのポイント

会場には、古くからの付き合いのある会員がいる。完全に業者に心を奪われた常連客だ。そんな**常連客は、アンケートに、いいことしか書かない。**そのようなものを信用して聞いてはいけない。

また、「一生に一度の、体の大掃除」「一生に一度の、体質改善」など、**「一生に一度の、○○」というセリフは、客に「一度だけなら」と思わせるためのセールストークだ。**

一度だけという気持ちで買うと、次から次に狙われるのは明らかだ。

4日目と5日目 ＝ 2セット買うと得すると思わせる

ご夫婦で、2セット申し込まれている方がいます。

ご夫婦そろって、健康食品で良い結果を出してもらって、うちの会社のファンになってもらえることは、私としても嬉しい限りです。

そういった方に何かサービスできないかということで、あることが決まりました。

2セット申し込みの方に、特別にもう1箱1か月分をサービスできることになりました。

だまされないためのポイント

このようなサービスができるということは、今までの話は何だったのか？　疑問に感じなければいけない。

「貴重なものなのでご用意できる数は少ないです」と言っていたことに矛盾することに気付かなければいけない。

1日目　不慣れな新人を応援したい気持ちにさせる

今日から5日間、僕がお話を担当させてもらうことになりました。

実は、こうして前に出てお話しするのは初めてです。

とっても緊張をしています。入社して3年目です。

お客さんは、みなさん優しくて、一緒に毎日楽しい時間を過ごさせてもらえて、とてもありがたいと思っています。

扱っている商品も素晴らしくて、お客さんに感謝される仕事で、一生かけて取り組める仕事にやっと出会えました。

いつかは店長になりたいと思っています。
一生懸命にお話しますのでよろしくお願いいたします。

だまされないためのポイント

不慣れで緊張をしながらも一生懸命に話す若者を、お年寄りは応援したくなる。
「店長を目指します」に、「がんばれ」の声援が送られる。
応援したいというささいな感情が、心を奪われるきっかけになる。

2日目 目に見えないエネルギーを実験で検証する

今から驚きの実験をします。
こちらの小さな一枚の布からは、**マイナスイオン**が出ています。
目に見えないエネルギーですが、冷蔵庫の野菜室にも採用されるなど科学的に認められているものです。

こちらに、カレーせんべいを用意しました。

2つの皿に盛り付け、片方の皿にだけ、布で数回あおぎます。

まず、何もしていない方を食べてみてください。

次に、布であおいだ方を食べてください。

布であおいだ方がマイルドな味になりましたよね。

だまされないためのポイント

人間の味覚は、後で食べた方をマイルドな味に感じるというトリックだ。

他にも様々な実験で信用をさせようとしてくるが、だまされてはいけない。

体を布であおぐだけで、前屈で床に届かなかった手が届くようになるなどの実験もあるが、**思い込みによってそのようになっている場合が多い。**

３日目　腰は全身に影響すると説明する

こちらの布からは、人体の生体電流の流れをよくするエネルギーが出ています。
この布でできた商品が、**腹巻**です。
なぜ腹巻か？　腰は全身に影響するのです。
人体には３６５個のツボがあります。
そのツボのなかで最も重要なのが、腰にある命門というツボです。
３６５個ある全身のツボにつながっているのです。
このツボの働きをよくするには、腹巻がもっとも有効なのです。
汗をかいてもむれにくく、季節を問わずに使うことができます。

だまされないためのポイント

催眠商法で扱う健康グッズでよくあるのが、ネックレス・腹巻・サポーターだ。

「首は全身に影響する」「腰は全身に影響する」「足裏は全身に影響する」と説明される。「商品からは生体電流の流れをよくするエネルギーが出ている」という説明。

医学的根拠に乏しいが、まったく効果がないという証明もできないところを業者はついてくる。効果を実感する人がいる一方で、なにも感じない人もいる。つまり、敏感な人、もしくは思い込みが強い人にしか効果が感じられないものだ。

4日目と5日目 予約券に名前を書いてもらい、それを記憶する

この腹巻には、採掘量の少なくなっている特級品のトルマリンが練りこまれています。定価は4万円です。

しかし、今回みなさんには特別モニターということで、2万円で販売いたします。

今から予約券を配りますので、お名前とご希望の枚数を書いてください。

だまされないためのポイント

最初の健康食品が30万円であるのに対して、２万円はかなり安い買い物に感じるだろう。しかし、業者の目的は健康グッズを売ることではない。高額な健康食品を売ることが本当の目的で、それにつなげるための商品だ。

予約券に名前を書いてもらうのは、**見込み客の名前を覚えるため**だ。名前を覚えられ、「〇〇さん、おはようございます」と声をかけられる。ここで親しみを感じ、従業員との距離がぐっと近くなるが、それに**親近感を覚えてはいけない。**

２万円でも、買うと、彼らはちやほやしてくれる。ちやほやされると気持ちよくなるが、それに**酔ってはいけない。**次に高額商品が売り出されたときに、その気持ちよさをもう一度味わいたいと思ってしまうからだ。

2つ目の健康食品の販売（7日間）

1日目　免疫力改善の必要性を訴える

こちらの表を見てください。

大学病院の研究機関が調べたデータです。

免疫力は20代をピークに少しずつ低下して、40代では半分、60代になると20%にまで低下することがグラフで分かります。

そこで、みなさんにぜひ試してもらいたい健康食品があります。

だまされないためのポイント

長期にわたる催眠商法の会場では、何種類もの健康食品が販売される。「体質改善」「免疫力の回復」「自律神経を整える」などその都度、大きなテーマにそって説明がされる。

最初にこれだけで健康になれると思って購入した人が、「これも一緒に飲んだ方がいい」と思わされて、次の商品も買ってしまう。業者の言うとおりにすると、何種類もの健康食品を一度に飲まなければいけなくなる。

だが、どんどん新しい商品を買わされるということは、**「１つの健康食品では健康にはなれません」と言っているのと同じだ**ということに気付かなければいけない。

2日目 世の中の健康常識を覆して興味を持たせる

「生きたまま腸に届く」というフレーズ。

あれは、食品メーカーがでっち上げたデマです。

ほとんどは胃酸で溶けてしまい、運よく腸に届いても、その乳酸菌が腸で棲みつくことはほとんどなく体に吸収されてしまいます。

それなのに、メーカーはいかにも生きたまま腸に届くのが健康に良いと、テレビや新聞などのマスコミを使って情報操作をしたのです。

死んだ乳酸菌は、人間の腸にもともとある善玉菌の餌になり、より確実に免疫力を上げてくれることが最近の研究で分かりました。

それが、今回ご紹介する健康食品です。

だまされないためのポイント

世の中にある常識を覆し、自分たちの話に興味をもってもらうのは、業者の常套手段だ。

3日目‖買いやすい条件で飛びつかせる

今回ご紹介している健康食品は通常タイプと、3倍早く良い結果が出るデラックスタイプがあります。

通常タイプは、本社で1箱1か月分を4万円で販売しています。

デラックスは一般には販売しておらず、重症の患者さん用に1箱1か月分を6万円で、特別に販売するものです。

デラックスは非常に手に入りにくいものなので販売は難しいのですが、間違いなく結果が出るのが早いです。

そこで、**今回に限り、おひとり様1箱だけということでデラックスタイプを通常タイプと同じ、4万円でお分けできることになりました。**

ただし、デラックスタイプで飲んでいただけるのは最初の1か月間だけです。それが飲み終わりましたら、通常タイプを本社で販売しているので、そちらをお買い求めください。

そして、今回は特別に、デラックスタイプを1箱お申込みいただいた方全員に、当社の**会員証**をお渡しします。

だまされないためのポイント

たいていの場合、催眠商法の会社の会員になるには、1年分や2年分の高額な健康食品を買わされる。なので、4万円で会員になれるのはお得に感じる。

さらに、**「おひとり様1箱限定ということは、それ以上買わされる心配はない」と思ってしまう。**

だが、その甘い考えは、次の日に覆される。

4日目　4万円の注文を16万円の注文に変える

昨日は、たくさんの方にご注文いただきました。

しかし、問題が発生しました。

特別に「おひとり様1箱まで」だと言いましたよね。

にもかかわらず、みなさんのなかに会場に来ていない家族の名前を使って、ひとりで5箱、6箱、7箱と注文している人がいます。

別のお客さんに教えてもらいました。「これは不公平じゃないか？」と。

特別な条件をひとり占めされるのは、見ていて気分が悪いということです。

そこで、いったん家族の名前で申し込んでいる方の分は、全て白紙に戻します。

とはいえ、私もこのような問題が起きるとは想像できなかったことについて、みなさんにお詫びしなければいけません。

ですので、今回は家族の名前を使うことは禁止する代わりに、会場に来てくださっている方だけに、**おひとり様4箱までならお分けすることになりました。**

だまされないためのポイント

他の客はみんな、1箱だけしか注文できないことに不満をもっていると勘違いしてはいけない。**家族の名前を使ってでも独り占めしたい客がいるというのは、勝手な作り話だ。**

5日目 4万円の注文を40万円の注文に変える

おひとり様4箱まで注文していただいているのは、通常タイプよりも効果を感じる早さが3倍違うデラックスです。

この4箱4か月分を飲み終わると、良さを実感できて、続けたいと思うでしょう。

しかし、デラックスを追加でまた買うことはできません。

非売品ですから。

飲む期間の目安は1年ですので、残りの8か月は本社に電話をしていただいて通常タイプをお買い求めください。


しかし、またここで問題が発生しました。

昨日あれだけ「おひとり様4箱まで」と言っているのに、無理やり会場にご主人さんと娘さんを連れてきて、「じゃあ3人分」って言う人がいたのです。

もうこうなったら、真面目に4箱まで我慢している人がバカみたいです。

なので、今回だけはきっちりみなさんに1年分デラックスの方を飲んでもらいたい。

そんな気持ちでメーカーに、お願いしました。


すると、**今回限りということで、おひとりでデラックスを1年分お申込みいただけることになりました。**

さらに、嬉しいお知らせがあります。

みなさんに喜んでもらってこそ、宣伝に勢いがつくというものです。

みなさんは10箱のお申込みをしていただければよいです。そう、4万円の10箱ですよね。

でも1年分だったら12箱いるのに、残り2箱はどうするの？って思いますよね。心配しないでください。

ここからがビックリするところです。

その残り2箱分は、うちの会社がもちます。つまり10箱お申込みいただいた方に、うちの会社から**2箱プレゼント**するのです。


さらに、今回1年分飲んでくださる方は間違いなくこの商品に惚れ込み、周囲の人に宣伝をしてくれると思います。

その期待を込めて、なんと今回は定価1万2400円のマイナスイオンが放出する毛布をプレゼントします。

この毛布は本社で、1万2400円で売っているものです。

つまりみなさんには、商品２箱と１万２４００円の毛布の両方がプレゼントされるのです。

勘違いしないでもらいたいのは、買ってくれた人へのお礼ではありません。

このデラックスを飲んでもらえると、間違いなく良い結果がでるので、それを周りの人たちに宣伝してくださいねっていう、宣伝のためのお礼を先に渡すのです。

さっそく、手をあげて合図を送っているお客さんがいますけれども、今から社員さんが聞いていきますので、そこでご注文してください。

だまされないためのポイント

業者の目的は、１年分40万円の健康食品を売りつけることだ。

しかし、最初から40万円で売り出すと断られる可能性が高い。なので、初日はおひとり様１箱４万円という形で、ハードルを下げている。

そして**一気に40万円にハードルを上げるのではなく、２日目16万円、３日目40万円と２段階でハードルを上げていく。**

客は一度でも買う意思を示してしまった手前、多少の追加は断りにくくなる。

「一度約束したことは守らなくては」と考えずに、断る勇気が必要だ。

6日目と7日目‖年寄りの善意につけこむ

※個別に説得される。

実はいい話があるの……。いまから言うことは絶対内緒だよ。

あのね、たしかに40万円で10箱も買うのは大変だよね。

実は今回、僕も母親に買ってあげようと思ったけど、僕の給料では正直言って40万円はきついんだよね。でも、僕は母親にろくなことしていないから、今回は親孝行で買ってあげたいと思っているの。

だけど、正直言って、半分だけなら買えるけど、全部は無理なの。

そこでね、**僕とお母さんで組んで買ってほしいの。**

つまり僕が５箱買って、お母さんが５箱買う。

すると２箱サービス品でついてくるでしょ。さらにトルマリンの毛布もついてくるでしょ。それを僕とお母さんで分けるの。分け方は、例えばお母さんが毛布で僕がサービス品の２箱でもいいし、その逆でもいいしね。

とにかく僕も母親に買ってあげたいけど、半分しか今は出せなくて。こんなことを頼めるのはお母さんしかいないの。

だから、親孝行したい僕を助けると思って、お願い、お願い、ねっ。

だまされないためのポイント

親孝行したい立派な若者だと勘違いしてはいけない。

「僕も半分買うから」と言って半分を売りつけるのは常套手段であり、その若者が半分買うわけではない。半分買うのは、あなただけになる。

第3章

「宣伝会場」では何が行われているのか？　後編

後半1か月の営業スケジュール

後半の1か月は、どこかのタイミングで高額商品を買ってくれた会員だけの集まりにする。高額商品を買っていない人は会場には来られなくなる。

そして、**会員様だけの特別販売**を行う。

販売するのは、前半と同じく健康食品を中心に4点だ。

客の多くは1つ買って、そこで満足したいと思っている。そこを覆すために、業者はあの手この手を駆使して営業をする。4点それぞれに「これも一緒に手に入れておいたほうが良い」というウリがある。

つまり、**高額商品を買うことに1回でも理解を示してくれた会員に、あれもこれもと勧めていく**のが後半の特徴だ。

後半1か月のスケジュール例

2018・H30

11 November

1	Thu	
2	Fri	
3	Sat	文化の日
4	Sun	
5	Mon	
6	Tue	
7	Wed	
8	Thu	
9	Fri	
10	Sat	健康布団の説明
11	Sun	↓
12	Mon	↓
13	Tue	健康布団の予約
14	Wed	健康布団の引き渡し
15	Thu	↓
16	Fri	↓
17	Sat	休み
18	Sun	３つ目の健康食品の説明
19	Mon	↓
20	Tue	↓
21	Wed	↓
22	Thu	３つ目の健康食品の予約
23	Fri	勤労感謝の日　３つ目の健康食品の引き渡し
24	Sat	↓
25	Sun	休み
26	Mon	４つ目の健康食品の説明
27	Tue	↓
28	Wed	↓
29	Thu	↓
30	Fri	４つ目の健康食品の予約

12 December

1	Sat	４つ目の健康食品の引き渡し
2	Sun	↓
3	Mon	休み
4	Tue	５つ目の健康食品の説明
5	Wed	↓
6	Thu	↓
7	Fri	５つ目の健康食品の予約
8	Sat	５つ目の健康食品の引き渡し
9	Sun	↓（場所移動のお知らせ）
10	Mon	↓（宣伝終了）
11	Tue	最後の挨拶（次の場所に移動）
12	Wed	
13	Thu	
14	Fri	
15	Sat	
16	Sun	
17	Mon	
18	Tue	
19	Wed	
20	Thu	
21	Fri	
22	Sat	
23	Sun	天皇誕生日
24	Mon	振替休日
25	Tue	
26	Wed	
27	Thu	
28	Fri	
29	Sat	
30	Sun	
31	Mon	

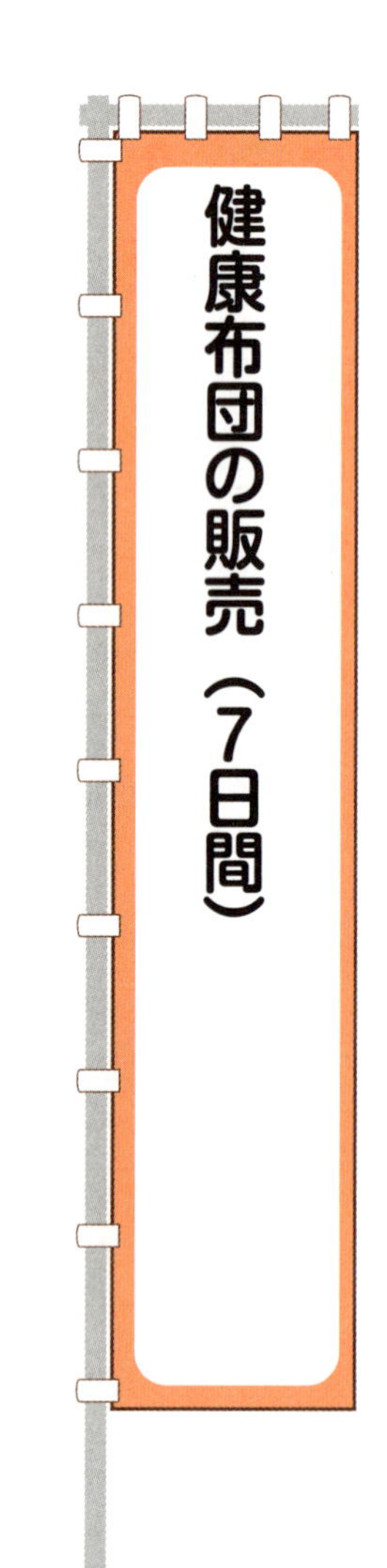

1日目　布団の素材であるワタを配る

ここに一枚のシート状のワタがあります。

このワタから、目には見えない3つのエネルギーが出ています。

これを今からお配りします。

みなさんが気になる体の場所、目がしょぼしょぼするなら目。肩こりなら肩。腰の痛みなら腰に、このワタを当ててみてください。

驚きの結果が出ます。

だまされないためのポイント

催眠商法の販売でつかみの部分は「不安を煽るもの」と「期待をもたせるもの」に大別できる。今回は、**期待を持たせる手口**だ。

まず布団の素材であるワタのサンプルが配られる。多くのお年寄りが、体に当てると、痛みが和らいだり、楽になったりする。ほとんどが思い込みによる効果である。

2日目　目には見えないエネルギーを信用させる

このワタには、２種類の石が練りこまれています。
1つは、**トルマリン**です。
トルマリンからは、マイナスイオンと遠赤外線がでています。

マイナスイオンは、大手家電メーカーの冷蔵庫の野菜室にも採用されています。マイナスイオンが放射されると、野菜が長持ちすると宣伝しています。それだけ科学的に認められているエネルギーです。

もう1つは、遠赤外線。

遠赤外線による温熱治療は、人間の体に有益な熱を吸収させることで細胞を活性化させるもので、紀元前500年前の古代ギリシャからあったものです。

だまされないためのポイント

歴史や科学に裏付けされたという説明があるが、効果が期待されてきたというだけで、**それが本物であるかの根拠はない。**

遠赤外線については、セラミックヒーターなど、明らかに熱を感じられるものでなければ、その温熱効果がどれだけのものかは実証しにくい。

３日目　難病を治す玉川温泉と同じ効果を期待させる

このワタにはトルマリン以外に、**ラジウム鉱石**が練りこまれています。

ラジウムというのは放射線のことです。

秋田県にある玉川温泉。

難病を治す奇跡の温泉として、ＮＨＫの特番にも取り上げられました。

この玉川温泉にあるのがラジウム鉱石です。

そこから出ているのが微量な放射線です。

人工的につくられた放射線は危険ですが、自然界で発生する放射線は別です。

微量な放射線でダメージを与えられた細胞は回復の過程で前よりも強くなるのです。

筋肉がダメージから回復した後に前よりも強くなるのと同じ理屈です。

この放射線の効果というのは京都大学や大阪大学でも実験されて、その効果が証明されているのです。

日本のトップクラスの研究機関がきちんと証明しているのです。

だまされないためのポイント

まだまだ研究段階にある微量な放射線が体に与える影響については、否定も肯定もしにくい。

ここで**問題なのは、ワタからどれだけのエネルギーが出ているか**どうかだ。健康効果そのものを、全否定はしにくいが、全員が何かを感じると言うほどのエネルギーが出ているわけではない。

4日目 同業者の値段と比較させる

このワタからできた商品があります。

健康布団です。

難病を治す玉川温泉。遠いので、毎日行くのは無理です。

布団なら、毎日寝るだけで温泉効果を味わえます。

他の宣伝会場では、トルマリンだけでできたお布団を50万円で販売しています。

しかし、この布団はトルマリンだけでなくラジウム鉱石も練りこまれています。

ですが、50万円もしません。48万円です。

さらに、ここは何の会場ですか？　宣伝会場ですよね。皆さんに喜んでもらってこその宣伝です。

なので、今回はキャンペーン価格でお分けできることになりました。

45万も切って、さらに40万円も切って、拍手してください。38万６０００円でお分けさせていただきます（拍手）。

だまされないためのポイント

同じ催眠商法のライバル社の商品と比較するのはよくあることだ。

安いと勘違いしてはいけない。催眠商法ならではの高額な値段の範囲内での比較だ。一般の市場での相場とはかけ離れた価格帯での比較だ。

5日目 今後さらに価格が上がると煽る

この布団には、トルマリンとラジウム鉱石の2種類が練りこまれています。ともに採掘量が少なくなってきている、一級品の石だけを使っています。採掘量がこれからどんどん減っていけば、お値段はどんどん上がります。するとと今後は、この値段では販売できなくなります。

そうなった場合、買いやすいお値段の時に手に入れてくれたお客さんの声が大事になります。

この価値が大きく知れ渡り、高値が付く前に買いやすい値段で手に入れていただきたいと思っています。

だまされないためのポイント

鉱石そのものの、今後の価格の上昇については誰も予想はできない。

今後の価値の上昇よりも、**現時点での商品としての価値を見極めた方が良い。**

6日目と7日目＝布団は一種の財産だと言いくるめる

人生の3分の1は布団のなかです。
限りある人生を本当に素晴らしい布団とともに生きたいと思いませんか？
ご自由に足を入れてみてください。気持ちいいでしょ？
この布団さえあれば毎日が温泉に入っているようなものです。
家に布団が何組もあると言われる方がいらっしゃいますが、布団は一種の財産です。
手に入れていただいた方には間違いなく喜んでもらえます。

だまされないためのポイント

休憩時間に足を入れたり、触ったりできる状態にされることがある。

ここで、興味をもって、**布団を触りに行くと個別に説得される。**「人生の3分の1は布団のなかです」「布団は一種の財産です」と言いくるめられる。

布団が好きなお年寄りは多い。ひとりで、いくつもの高級布団を持っている人も多い。

本当にそれは一種の財産なのか？　それとも、**押し入れの肥やしになっていないか？**　しっかりと考えた方が良い。

1日目＝認知症の恐怖を煽る

認知症には、他の病気と大きく違う点があります。
自分が自分でなくなっていく恐怖。
別の人間になるのではないか、という不安。
そして、家族の心配の種が多くなることです。
ただ死を待つだけの病気ではありません。
誰かの見守りがなければ、何をするか分からない不安があります。
詐欺行為にあうかもしれません。

知らず知らずに迷惑行為をするかもしれません。

そんな、認知症とどう向き合ったらいいのか？　順番にお話をさせていただきたいと思います。

だまされないためのポイント

迫りくる認知症の**恐怖を煽る手法**だ。迫りくる認知症の恐怖よりも、まずは迫りくる高額商品を売りつけられる恐怖を感じた方が良い。

2日目　認知症は予防が大事ということでサンプルを配る

認知症には、治るものと治らないものがあります。

慢性硬膜下血腫・正常圧水頭症の２つは、早期の手術で治ることがあります。

しかし、認知症で最も多いアルツハイマー型に根本的な治療法はありません。

病院の薬は、治すものではなく、進行を遅らせるものです。

65歳以上の4人にひとりが認知症、もしくはその予備軍と言われています。

そのため、世界中のあらゆるところで研究が進められているのに根本的な治療が無い現実。認知症は治療よりも予防が大事なのです。


そこで、今回はみなさんにぜひ試していただきたいものがあります。それはこちらのサンプルです。

この一袋には、脳に良いとされるフラボノイド、ジオスゲニン、チモキノン、いちょう葉エキス、コリン、フェルラ酸、ビンマカイナー、ココナッツオイル、ビタミンB12、DHA、EPAなど53種類の天然成分が配合されています。

このサンプルを飲むと、早い人ならすぐに朝の目覚めが良くなったり、頭がすっきりしたりと嬉しい効果を実感できます。

だまされないためのポイント

認知症は予防が大事なのは当然のこと。しかし、まず考えなければいけないのは健康食品ではない。

①バランスの良い食事
②適度な運動
③適度な人とのふれあい
④生きがいとなる趣味や仕事
⑤しっかりと睡眠をとる

認知症の予防には、これら5つの生活習慣の改善が第一になる。

3日目 権威をでっち上げる

この健康食品は、日本中のエリートが集まる東京大学の、そのなかでも選ばれたエリートが行く東大病院の先生をしていた方が開発しました。

この先生の凄いところは、30代で助教授になられたことです。

普通、東京大学で30代の若さで助教授にはなかなかなれるものではありません。

にもかかわらず、その先生はそのエリートコースを捨てたのです。

その理由は、先生からお話してもらった方が良いですよね。

実は今日、その先生に来ていただいています。

自称元東大病院の助教授の話が始まる――

私は8年間、東大病院で認知症治療の研究を進めてきました。

東大病院では、世界でもトップレベルの研究がされています。

しかし力を入れているのは、新薬の開発や外部へ向けた研究発表で、私はそこに疑問をもっていました。

私が本当にやりたいことは、認知症の予防医学の研究です。

それは生活習慣の改善をもとにした、副作用のない自然療法によるものです。

しかし、今の学会ではそういった研究は評価されにくいのです。

さらに大学病院での研究と実際に患者と向き合う現場との隔たりのようなものもあり、私はもっと患者さんと向き合う研究をしたいと思いました。

研究室での研究ではなく、実際に外で患者さんと向き合う研究です。

東大病院では、私が本当にしたいことができない。

そこで東大病院を去るのですが、家族や周囲からは猛反対がありました。助教授になっていたので、その地位を捨てるのはもったいないと。

しかし、このままでは自分の本当にしたい研究ができないという気持ちに素直にしたがい、東大病院を去りました。

その後、私は東大病院でひそかに研究を進めていた自然療法で得たノウハウをもとに、この商品を開発しました。

この健康食品には、53種類の脳に良い天然成分が入っています。

様々な実験を行い、配合を計算しました。

今現在、認知症の予防でお飲みいただく健康食品としては、世界トップのものだと自負しております。

だまされないためのポイント

催眠商法では、外部から様々な肩書をもった先生がやってくる。有名大学で研究をしていた。大手製薬会社で研究をしていた。これらの真偽を確かめるのは難しい。**頭から信用してはいけない。**

４日目　「ここでは売りません」と言って、欲しがらせる

認知症の予防を目的に開発されたこの健康食品。

ここでは販売できません。

欲しい人は本社に電話をしてください。１か月分４万円です。送料は無料です。

また、本社では、毎年秋にキャンペーンをします。そのときは１年分、48万円のところを、先着70名様だけに40万円でお分けしています。

ですから、1年分きっちり飲みたい方は、秋まで待っていただいた方がいいです。今回、この健康食品についてご説明したのは、ここで売るためではありません。本社で販売している商品のご紹介です。

だまされないためのポイント

「また高いものを売りつけてくるのかな?」という客の警戒心を解きほぐし、聞く耳を持たせるためのウソだ。

さんざん商品の良さを説明されたのに、**「ここでは売りません」と突き放されると、欲しい気持ちが燃え上がる。**「ここでは売りません」はあくまでも演出だということを知っておくだけで、こういったウソに踊らされなくなるだろう。

5日目から7日目＝客のための特別販売だと勘違いさせる

あるお客さんから、

「1年分買いたいけれど、秋のキャンペーンまで待てないわ。それに、秋まで待っても先着順なら買うことができるかどうか分からないでしょ？ それならここで販売してよ～」

とお願いされました。

そこで、メーカーにも無理を言って、**今回だけは特別に、この会場で販売できることになりました。**

昨日、さっそく本社に電話をして1年分48万円の注文をしている人もいましたが、それよりも良い条件なので、本社での注文は全て白紙にします。

この健康食品は、通常1年分買うと48万円ですが、秋のキャンペーンでは先着70名様に40万円で販売します。

そこをさらに、今回だけということで、この場所限定で、37万円で販売できることになりました。

だまされないためのポイント

「秋のキャンペーンまで待たなければいけなかったのが、待つ必要がなくなった」「秋のキャンペーンは、70名限定で買えるかどうか不安」「キャンペーンよりも安い値段で買うことができるのはお得だ」と勘違いしてはいけない。

いつでも売ることができるのに、作り話で客の購買意欲を最大化させようとしているだけだ。

4つ目の健康食品の販売（7日間）

1日目　加齢による毛細血管減少の不安を煽る

毛細血管は、全身にある60兆個の細胞に血液を送り届けています。

とても大事な役割をしているのですが、20歳のころよりも、60歳で40％、80歳で50％の毛細血管が減少することが最近の研究で分かってきました。

毛細血管が減少すると、寒さに弱くなるだけではありません。

毛細血管は、細胞に血液と栄養を届けて、さらに細胞のゴミを回収してくれますが、それがなくなるとどうなるでしょう？

細胞に栄養もいかないし、ゴミも回収できなくなります。

そうすると細胞は死んでしまいます。
これが様々な病気の原因になります。
そこで、みなさんに試していただきたい健康食品のサンプルがあります。

だまされないためのポイント

「私は元気だから」と言っているお年寄りも、加齢とともに低下する体の機能についてては少なからず不安を抱えている。60歳になると、20歳のころよりも毛細血管が40%も減少するというデータを示されれば、不安な気持ちになる。
高額な商品を販売するために、**まずは問題を提起するというのは、業者の常套手段だ。** 必要以上に恐怖を感じてしまうと、彼らの思うつぼになってしまう。

2日目　ほんのわずかしかとれない貴重な成分だと価値づける

この健康食品の中身は、キノコの一種である霊芝の胞子を培養したものです。

みなさんが想像するキノコと言えば、傘の形をしたものですよね。

しかし胞子というのは、キノコの傘の部分についている新たな命を育む粉状のものです。この錠剤の中身は、それを培養したものです。

しかも、健康効果の高い霊芝の胞子を使っています。


霊芝は、漢方薬の王様と言われています、漢方は2千年以上前から無数の人たちの経験で伝えられてきたものです。その漢方薬にはランクがあります。


上薬。

中薬。

下薬。

霊芝は、約1800年前の中国最古の医薬書に、副作用のない上薬のなかの上薬と別格に位置付けられているのです。

梅の古木の**3万本に1本しか見つからない**、貴重なものです。

かつては、見つけた人は皇帝に献上することが義務付けられていたほどです。

現代でも人工栽培が可能になる前は、その特級品が５００グラムで２万元。日本円にして26万円で取引されることもありました。

この錠剤は、その霊芝**1キログラムに対して1グラムしかとれない**貴重な胞子でできています。

その開発者は、中国の最高峰の国立大学である北京大学で漢方の研究をしていた人です。

30年以上の研究で、霊芝の薬効の秘密に毛細血管の修復作用を見つけたのです。

さらにこの方は研究に研究を重ねて、胞子細胞には傘の部分よりも70倍の薬効があることを突き止めたのです。

しかもこの霊芝というのは、その個体差によって薬効が変わってくるのです。

そこで、30年以上にわたって交配に交配を重ねていき、かつて高値で取引されていた**特級品**と呼ばれた霊芝に育つことのできる種となる菌のみを栽培させることに成功しました。

さらに、胞子にはその薬効を最大限に高める時期があります。

それは**特殊な培養液で培養**してから52時間後です。

霊芝は、育った環境に大きく左右されるもので、胞子の薬効も培養液次第で大きな差が出るのです。

しかも、胞子は非常にデリケートで微妙な温度調整の差でも死んでしまいます。

そんな難しい培養を世界で初めて実現することに成功しました。

この培養液には高麗ニンジンをはじめ、60種類もの漢方が溶け込んだものを使用しています。

特殊な培養液で極限まで生命力が高まっている時期の胞子だけを取り出して、そのうえ人体に吸収されやすいように微粒子化させたものです。

だまされないためのポイント

珍しさ、製造の難しさ、製造コストの高さなど、いくつもの話を複雑に絡み合わせ、希少価値を煽っている。**希少価値の真偽を確かめるのは難しいが、その希少価値が、薬効に比例しているのかを冷静に考えた方がいい。**

3日目 一流大学で研究していた先生の話で信用させる

この健康食品を開発された先生が、本日いらしています。
先生は、北京大学で漢方の研究をしていた人です。
さっそく講演をしてもらいたいと思います。

先生の話——

私は、30年間中国の北京大学で漢方の研究をしていました。

漢方は中国で２０００年以上の歴史があり、そのトップの研究機関が北京大学の漢方医学部です。

漢方の研究は今、西洋医学との融合でかつてのように経験に基づく学問から、研究にもとづく学問に変わってきています。

今まで経験上で語られていたことが、科学的に証明されてきています。

この健康食品には、漢方のなかでも別格に位置付けられていた霊芝の薬効がつまっています。副作用がなく、症状を選ばず、服用する人を選ばないものです。


私たちはその薬効の秘密を長年研究し、分かったことがあります。

全身の血管の99％を占める毛細血管は、年を重ねるとどんどん減っていきます。

霊芝は、失われた毛細血管を修復させる力が最も高いことが分かったのです。

世界の最先端医療で、特に注目をされているのが毛細血管です。

体のなかで一番大きな臓器は胃でもなく、腸でもなく毛細血管です。

体の隅々まで広がり、すべての機能の要です。

毛細血管が少なくなると、免疫が低下してあらゆる病気のリスクが高まります。

癌・心臓病・脳卒中・糖尿病と、年齢とともにリスクが高まる最大の原因は、毛細血管にあります。

その毛細血管を修復させる霊芝の薬効。

これを研究に研究を重ね、霊芝の傘の部分よりもそこに出てくる粉状の胞子に70倍の薬効があることを突き止めました。

さらに特殊な培養液で52時間培養することで、その効果を最大限に高めることに成功しました。

実は霊芝の胞子は非常にデリケートなので、この培養技術は今のところ世界で私たちだけのものになっています。そして、**様々な患者さんたちに服用してもらい、その結果を目で確認することができました。**


毛細血管を見るには血を抜き取らなくてもいいのです。

毛細血管スコープと呼ばれる特殊な顕微鏡で、手の指先を見ます。

健康な毛細血管は、このようにクリップ状になっていて赤血球が流れているのが確認できます。

しかし、年齢とともに変形し、細くて見えにくくなります。

そんな方に飲んでもらった結果が、こちらの画像です。

60代女性の1年前。こんなに細くて変形していた毛細血管が、私たちの霊芝の胞子を飲み始めて1年でこんなにきれいに改善されました。

今まで経験にもとづく学問のなかでしか認められていなかった霊芝の薬効が、こうして科学的に認められたのです。

私たちは、この素晴らしい結果をひとりでも多くの方にお伝えしたいと思っています。

だまされないためのポイント

霊芝、高麗人参などは、その薬効が広く知られている。数多くの薬効があることは否定できない。

しかし、毛細血管の修復に最も期待ができるなどという「最も」というところは疑った方が良い。昔から、認められている漢方で、自分たちが売るために都合よく、**○○には最も期待ができるものと、勝手に位置付けていることがある。**

4日目 特殊な顕微鏡で客の毛細血管を見せて恐怖を与える

これは、毛細血管スコープという特殊な顕微鏡です。
手の指先を拡大して、毛細血管を見ることができます。
ご希望の方に、今から検査をさせていただきます。
(画面に映し出される毛細血管。)
ほとんどの方が、変形していたり、細くて見えにくくなっています。
しかし、毛細血管は年を重ねても増やすことができます。
実は、この健康食品は、初めて宣伝するものではありません。
以前から、続けて飲んでおられる方がいます。
その方の毛細血管のデータを私たちは残しています。

以前から飲んでおられる方の毛細血管も見てもらいます。明らかに良くなっていますね。以前は、変形をしていたのが、正常に戻りつつあります。細くて見えにくかったのが、太く見えやすくなっています。

このように、飲んでいる方には、きちんと目に見える結果が出ています。

だまされないためのポイント

血を抜き取らなくても、指先を拡大するだけで、毛細血管の状態がモニターで確認できる毛細血管スコープ検査。

業者の健康食品を飲んでいる人に良い検査結果が出るのは、当然のことだ。彼らは、検査をする際に、検査を担当する先生に「3か月、飲んでおられる方です」「初めての方です」などと、情報を提供している。それに基づいて、先生は、良い血管の場所を映しだしたり、悪い血管の場所を映しだしたり、ピントを調整するなど、**都合よく検査をでっちあげている。**

飲んでいない人に悪い検査結果を突き付けるのは、当然のことだ。仮に飲んでいないのに、良い検査結果を出されたときも、それは検査としての信憑性を高めるためである。

検査そのものはインチキではないが、それを行う人間がインチキである。

5日目から7日目＝高くて当たり前と思わせる

年を重ねても、毛細血管は増やすことができます。

そのために開発されたのが、この健康食品です。

以前から飲んでいる方には、きちんとした結果が出ています。

以前から飲んでいる方は、手をあげてもらっていいですか？

あっ、お母さん、さきほど検査を受けていましたよね。どうでした？

お母さん「飲んで1年になりますけど、以前は毛細血管がほとんど消えかかっていたのですが、今日の検査では赤血球の流れが見えるまで回復していました」

みなさん、聞いてくれました？　すごいでしょ。

年を重ねても、毛細血管は増やせるのです。

でも、気になるのはお値段ですよね。

霊芝は、人工栽培が可能になる前は、その**特級品が５００グラムで2万元。日本円にして26万円**で取引されることもありました。

その特級品の１キログラムからわずか１グラムしかとれない胞子を、さらに世界初の技術で52時間培養して効果を最大限に高めたものです。

お値段は高い？安い？　どっちだと思いますか？

そうですよね。高いのは当たり前ですよね。


一日２粒飲んでもらうのですが、この一粒が８００円です。そして商品としてこの箱に62粒入っています。お値段は４万９６００円で１か月分。

飲む期間の目安は1年です。１年で結果が感じられます。

ということは、４万９６００円×12で59万５２００円です。

しかし、今回はみなさんに喜んでもらいたいので、できる限り条件を良くしたいと思います。

59万5200円のところを、54万円も切って、48万円も切って、40万円も切って、37万円でお分けいたします。

だまされないためのポイント

かつて、**天然の特級品が500グラム26万円で販売されていたというインパクト大の情報で、錯覚させ、判断の基準を変えてしまう。**高いものだというイメージにとらわれてはいけない。

1日目　長寿遺伝子のスイッチを入れると期待させる

いつまでも若々しくいられる秘訣は、何だと思いますか？

毎日の食事に気を付けることです。

有名な実験でお猿さんを、あるグループは好きなものを好きなだけ食べさせる。別のグループでは腹八分のカロリー制限をさせる。

それを20年間続けると、こんな結果がでました。

このパネルの写真を見てください。

こちらは、好きなものをお腹いっぱい食べたお猿さん。

しわくちゃでおじいちゃんになっています。毛もところどころ抜け落ちています。

そして、こちらの写真はカロリー制限をしたほうのお猿さんです。

しわもほとんどなく毛並みもきれいで若々しいですよね。

どちらも同じ年齢のお猿さんです。


このようにはっきりと、老化に食事が一番関係していることが分かっています。

そして老化って、一言でいうと何だと思いますか？

答えは酸化。細胞が酸化をすることで老化をします。

お猿さんの実験で、好きなものを好きなだけ食べていたグループは、ガン・心臓病・糖尿病などの病気の発症率が高まったのです。

この食べすぎによる老化への影響というのは、いろんなところで研究が進んでいます。


マサチューセッツ工科大学のレオナルド・ガレンテ教授が発見したものがあります。

人体にある若返りのスイッチです。

○○になると入るスイッチ。この○○に入る言葉は、空腹です。
空腹になると**サーチュイン遺伝子**が働きます。

この遺伝子は、傷ついた細胞に命令して修復させる働きがあります。

さらに、細胞内のミトコンドリアを活性化させて健康で活動的にさせます。

そのため、この遺伝子は命の修復遺伝子と呼ばれています。


健康になりたければ、食べる量と質を考えなければいけません。

量というのは、なんでもかんでも減らせと言っているわけではありません。

日本人がこうしてお腹いっぱいに食べられるようになったのは、戦後まもなくしてからです。


それまでは長い歴史のなかで、お腹いっぱいに食べてきていません。

だからと言って昔の人が長生きだったのか？というと、そうでもありません。

つまり、**量とともに質を見直さなければ若々しくいられない**のです。

そこで、みなさんに試していただきたい健康食品があります。

長寿遺伝子であるサーチュイン遺伝子のスイッチを入れてくれるものです。それが、こちらのスティックに入っているものです。

だまされないためのポイント

長生きをするためには、普段からの食事が大事。健康でいるためには、普段からの食事が大事。これを否定する人はいない。当たり前の誰もが納得できる理論を最初に長々と聞かせると、聞く方は心理的に「この人はまともなことを言っている」と錯覚を起こしてしまう。その錯覚が最大限に高まったときに、健康食品を紹介してくるので、違和感なく信じ込んでしまう。

話を聞くときは、最初にまともなことを言っていても、どこかでおかしなことを言いださないかと疑うことが大切だ。

2日目 門外不出の秘薬の研究結果を発表する

この健康食品は、人間が本来持っている長寿遺伝子のスイッチを押してくれます。人間の60兆個の細胞のミトコンドリアという細胞内のエンジンの部分を活性化させます。

しかもこれは、日本のある地域で生えている植物です。

まさに灯台下暗し。今やっとこの植物の研究が進みだしているのです。

これは九州、大分県の南部の山岳地帯の一部にしか自生しない貴重な植物で、**大和自生人参**と言います。学術名はヒュウガトウキ。難しい名前は置いといて、みなさんは大和自生人参と覚えてください。

日本では古くから時の権力者によって、門外不出の秘薬としてずっと隠されてきたものです。

しかも、秦の始皇帝が徐福に命令して、不老長寿の秘薬を東の国大和、日本に探させたのも、この大和自生人参だと言われています。

ずっと門外不出の秘薬だったので、研究が進みだしたのはここ最近のことです。

その効能を研究した研究者はみんな驚きました。

健康食品のレベルを超えているのです、

これは薬のレベルだということで、厚生労働省に認可を求めるとすぐに認められました。

２００２年に、厚生労働省に薬として認可されたのです。

つまり、日本の政府がきちんと認めたものです。

ただ残念なことに**薬として認可されると、今度は健康食品としてこのように販売できません。**

では、なぜみなさんにサンプルを渡すことができるのか？

それは薬として認可されたのは根っこの部分で、葉の部分は薬として申請されておらず、無認可だからです。

大和自生人参は現在進行形で研究が進められていますが、この根っこの部分ではなくて葉っぱの部分に驚くべきパワーが秘められていることが分かってきています。

実際にこれを飲んでいる人でどのような良い結果が出たかというと、癌・糖尿病・アトピー・高血圧……数えきれないほどのありとあらゆる病気に対して、良い結果をもたらしているのです。

老化は、細胞が錆びつくことです。

それを修復させる長寿遺伝子に、直接働きかけるのです。

年を重ねるとリスクの高まる生活習慣病には、ものすごく期待が持てます。

ただ、この研究が進むと黙ってはいないのが厚生労働省です。

根っこの部分は薬になってしまったけれど、この葉っぱの部分も近いうちに薬になる可能性が高いのです。

すると、このような形で手に入れることはできません。

では、病院に行ったらもらえるのか？　そうではありません。

薬というものは単一の物質として処方されるので、このように自然の生薬として手に入らなくなります。ですから、大和自生人参を宣伝できるのは今しかありません。

だまされないためのポイント

薬として国が認可をしてしまうと、健康食品として手に入らないと煽る手口だ。

仮にそれが本当のことだったとしても、きちんと世間がその効果を認めることにつながるので、急いで買う必要はない。

3日目 高麗人参を超える健康食品だと思わせる

この健康食品は、高麗人参と比較されることがよくあります。

高麗人参は、古くから身を軽くして寿命を延ばすと言われるように、その人がもつ生命力を高めてくれます。

そして、最近の研究で高麗人参は、活性酸素を除去して免疫のシステムを整えることが分かってきています。

活性酸素は、細胞の遺伝子を傷付けます。これが細胞の酸化、いわゆる老化です。年を重ねると、活性酸素の影響を受けやすくなるので、こういった自然の生薬で防御することが必要なのです。

しかし、高麗人参も万能ではありません。高血圧の人が飲むと血圧をさらに上げてしまうことがあります。

一方、大和自生人参はその逆で、血圧が高い人の血圧を下げる働きがあります。しかも血圧が低い人の血圧は下げることはなくて、その人にとってちょうど良い血圧に整えてくれます。ここがすごいところです。

つまり高麗人参と違って、飲む人を選びません。

さらに最近の研究で、**高麗人参よりも活性酸素を除去して免疫システムを整える**ことが分かってきています。

この大和自生人参は、九州の一部の山岳地方にしか自生していません。

そこで私たちは、いち早くその土地を持つ人と契約を結ぶことで、大和自生人参の商品化の権利を得ることができました。

だまされないためのポイント

一般にほとんど知られていない名前の健康食品を販売するとき、よく使われる手口が、**有名な健康食品と比較する**ことだ。手に入る情報が少ないなか、業者は都合よく話をすることができる。**本当に正しい情報なら、もっと広い場所で堂々と話ができる**ことを見逃してはいけない。

4日目から7日目 薬として認可されると手に入らなくなると煽る

この健康食品は、今しか販売できません。

なぜなら、これだけすごい健康食品を政府が放っておくはずがありません。

その証拠に、２００２年には大和自生人参の学術名であるヒュウガトウキの根っこの成分が医薬品に認定されています。

ですから、根っこは健康食品として販売することができません。

大和自生人参の研究はまだまだ未知な部分が多く、最近では根っこよりも葉っぱの部分に人体の免疫機能のバランスを整える作用があると認められてきています。

そんな状況なので、葉も医薬品として、いつ登録されてもおかしくないのです。

手に入るのは今しかありません。

この健康食品は、1か月分5万円で販売しています。飲む期間の目安は1年間です。ということは、1年分で60万円です。

それを今回は、40万円でお分けいたします。

今しか手に入らないということで、思い切った条件で販売をさせてもらうことになりました。

だまされないためのポイント

今後、市場に出回らなくなると煽るのは業者の常套手段だ。そもそも、仮に市場に出回らなくなっても、どれだけの人が困るのか？ 考えてみれば、困る人はほとんどいないことに気付くだろう。

第4章

なぜ通いつづけ、大金を出して買ってしまうのか？

なぜ、だまされるのか？

催眠商法では、被害にあったお年寄りが被害に気付かないことが多い。

家族が被害に気付いて問いただしても、「あの人たちは悪い人ではない」「本当に納得して買った」と被害を認めない。

なぜなのか？

それは、**従業員と客との間に強い人間関係が築き上げられるから**だ。

そこを知ってもらうために、第4章では従業員がどのような接客をしてくるのかを詳しく紹介していく。


そして、なぜ破滅するまで買い続けてしまう客がいるのか。

その大きな理由は2つある。

●買うのが快感になる
●病気で、何かにすがりつきたくなっている

著者は、数えきれない数のお年寄りに高額商品を売りつけてきた。

そのなかで、思い出す度に胸が痛くなる思い出のある客が、ふたりいる。催眠商法にはまり、大金を出す客の例として紹介したい。

心を奪われた客が、どのような運命をたどるのか。

この事例を知ることで、被害を食い止めてもらいたいという願いを込めて。

従業員を親切でかわいい子と思ってはいけない

講演1時間前から賑やかな音楽が会場に流され、集まってきたお年寄りに従業員は明るく楽しい接客をする。

売り出し前の、買うか買わないか分からないお年寄りでも、手厚く歓迎する。

イメージとしては、新規で遊びに来たおじさんに指名してもらおうと自分を売り込む、キャバ嬢のようなものだ。

「○○さんが来てくれて嬉しいよ」「昨日はどうしたの？　来てくれなかったね」と、キャバ嬢の疑似恋愛に近い感じでお年寄りを歓迎する。

「○○さん」と名前で呼ぶのは親近感を持ってもらうためで、買う前から彼らが名前を知っているのは、ご来店ごとにスタンプを押していく「スタンプカード」に名前を書いてもらっているからだ。

社会的に孤立しがちなお年寄りは、この歓迎ぶりに心地よくなる。

主な接客は３種類ある。

1　買う見込みがあるかを探る接客
2　講演に沿った内容で、客の気持ちを誘導する接客
3　自分を気に入ってもらうための接客

３種類とも、目的は高額商品を買ってもらうためだ。

では、その具体的な内容を紹介する。

1　買う見込みがあるかを探る接客

まずは、「今日のお話、とっても楽しみですね」「昨日のお話は、とっても良かったですね」など、どの客からも「そうよね」という肯定的な返事が返ってくるであろう問いかけをする。

そして「いや〜〜、嬉しいことを聞いちゃいましたよ。先ほどのお客さんは、昨日配られた健康食品のサンプルを飲んだらね、朝の目覚めが良くなったんだって」と会話を振ってみて、その反応を見る。

客の反応は「そうそう私も実は……」と返してきたり、何も反応をしなかったりと様々であるが、その様子から買う見込みがあるのかどうかを判断する。

なぜ、「飲んでくれました?」「どうでした?」とストレートに聞くのではなく「先ほどのお客さんが、このように言っていましたよ」と会話を振るのか?

それは、ストレートに「サンプル飲んでどうでした?」と聞くと、客によっては

「飲んでない」「飲んだけれど何も感じなかった」などの逃げ口上をすることがあるからだ。

探りを入れるときに彼らが気を付けているのは、**肯定的な返事を引き出し、逃げ口上はできるだけ引き出さない**ことだ。

いかにも探っているかのようなストレートな聞き方では、客に「買う気を探られたくない心理」が働く。なので、ストレートに「どうですか？」という探りは、全くしないわけではないが多用はしない。

2　講演に沿った内容で、客の気持ちを誘導する接客

講演に沿った接客をすることで、講演内容をより深く信じ込ませることができる。

例えば、第2章で紹介した「もう一度同じ商品を販売する」講師の話。

講師は、完売したと言っておきながら、「あのとき買っておけばよかった」と後悔

している客がいるという話をして、その客のためにという理由でもう一度同じ商品を販売する。

個別の接客では、買った客に「今回手に入れられてよかったですね。もう完売したので欲しい人がいても手に入らないのですよ」と声をかけていく。

すると、買った客は「あのとき買っておいてよかった」と喜ぶのだ。

そうして、会話が盛り上がっている様子を買っていない客に見せつける。

すると、**買っていない客のなかから「あのとき買っておけばよかった」という人が出てくる。**

そういった声を拾った販売員は「こちらの方も、あのとき買っておけばよかったと言っていますよ」と大きな声をあげる。

他の買っていない客に、「買っておけばよかった」と後悔している客が何人もいるかのごとくアピールするのだ。

そして、買っていない客を**「やっぱり私も買っておくべきだったのかな」という気持ちに変化させ、もう一度同じ商品を販売していく。**

3　自分を気に入ってもらうための接客

接客では、どこまで客が講演内容に食いついているかを探るのだが、それをする際に彼らが気を付けていることがある。

あまり、しつこくなりすぎないようにすることだ。

お年寄りが喜ぶのは、商品の話とは一切関係のない、楽しい世間話だ。

接客で売りにつながる話ばかりをすると、客に「あっ、この子たちは売りたいがために接客をしているんだな」と警戒されることがある。

かといって、世間話ばかりをしていると、ただの遊びに終わってしまう。

つまり、世間話と宣伝に関する話のバランスが大事だ。

世間話は、**あらかじめ用意した会話のネタと、その都度ひらめいたもの**を適度に織り交ぜていく。

その都度ひらめくものというのは、客が着ている服やアクセサリーを褒めたり、なにかしら気づいたことを会話のネタにする。

そして、あらかじめ用意しておく会話のネタは、身内のネタ・世間で話題になっていること、他の客との面白いエピソードなどを、いくつも用意しておく。

「昨日、社員みんなでご飯を食べに行ってきてね」

「それでね、○○ちゃん（仲間の社員のこと）が、酔っぱらっちゃってね……」

というような何気ない会話でコミュニケーションをとる。

毎日100人以上のお年寄りに3人ほどで接客をする彼らは、日常の「こんなことがありました」「あんなことがありました」といった豊富な会話のネタを仕込んでいる。

四六時中、会話のネタを考えているのだ。できる限り大勢の客と個別に会話をするために、短い時間、数分で終わるようなネタが多い。

「昨日はこんな楽しいことがあったんですよ」「昨日はこんなミスをしちゃったんですよ」などと話しかけ、「良かったね」「大変だったね」と言葉のキャッチボールができるようなネタを、たくさんストックしている。

しかし、相手は１００人、２００人の団体様だ。どうしても話すネタがかぶってしまう。いくつもの話のネタを用意していたのに、なぜか言いやすい話のネタばかりを使ってしまい、あの人にもこの人にも同じ接客をしてしまう。

すると、どうなるか？

「あっ、あの子はみんなに同じ言葉で接客をしているんだ」と思われてしまう。

「なぁんだ、あらかじめ用意していた接客をされたんだな」と思われる。

そうなると、お客さんの気持ちは冷める。

そこで、**勝手気ままにノリではしゃぐような接客**を行う。

客にかける言葉は意味不明。

「いえ〜〜い、○○さ〜〜ん」

「いやいや、すごいね〜」

「ハイ、握手〜」

と、じゃれ合うような接客をする。

子どもをあやすような、会話をする。

「もう、○○ちゃん、何言ってるのか分からないよ〜〜」

「いつも、○○ちゃんは元気だね」

と微笑ましいものを見るような目で客は笑う。


大勢の客の一人ひとりを相手にするとき、あまり言葉を選びすぎると会話はどこかで行き詰まる。


催眠商法には、「バカになれ」という教えがある。

かしこまった真面目な接客ではなく、男女がふざけ合って「きゃっきゃっ」しているような会話の方が、会場のムードを高めることができるからだ。

200人のお客さんの一人ひとりに、綿密な接客のテンプレートなんて用意できない。

会話のネタは多くストックしているが、それにあまり頼りすぎないように、あとは気のむくままに、グチャグチャにはしゃぐ。

このように、彼らは大勢の客と個別に遊ぶような会話をしていく。

もちろん、ふざけ合うような接客が嫌いな客もいるので、そういう客には真面目に接客をする。

また、従業員の個性も様々で、おっとりとした感じで癒しを与えるタイプや、やんちゃでグイグイ引っ張るようなタイプなど、それぞれの自分のキャラを活かした接客で一人ひとりの心をつかんでいく。

みんなが明るく楽しく、ふざけ合っているので、笑いの絶えない会場になり、高額な商品が売られる怖いところという雰囲気は消えてしまう。

「若い社員から元気をもらえるお店」

「いつも声をかけてくれる親切な社員」

「自分のことをお母さんのように慕ってくれる、かわいい子」

と、勘違いしてはいけない。すべては見込み客づくりのためだ。

彼らはあなたに好意を持って接しているのではなく、あなたのお金に好意を持って接している。

そして、買う見込みがまったくない客には、目立たないところで、嫌味を言って断っているのだ。

一対一で勧めてくる手口と対処法

売り出しが始まると、一人ひとりに説得がおこなわれる。
その代表的なパターンを紹介する。

①　余裕を見せる

別に今すぐに注文をしなくても、大丈夫ですよ。
僕は、そんなに急いでいませんから。
もうすぐ講演が始まりますので、終わった後でもいいです。
本当に、良さを分かっていただいたうえで、健康食品を飲んでもらいたいですからね。

だまされないためのポイント

販売員には客の決断を急がせるというイメージがある。それを、あえて反対をいくセールストークで覆す手口だ。「無理に勧めてこないんだ」と勘違いしてはいけない。

押し売りの匂いを消しているだけだ。今、押しても心を閉ざしてしまうかもしれないと判断し、講演を聴いた後の気持ちが高まった状態のときに勧めようとしているだけだ。

② 人気のあるふりをする

すごい人気ですよ。たくさんの人が申し込んでいます。

会場の前に、たくさんのお客さんのお名前が張り出されているでしょ。

これは、ご注文していただいた方のお名前で、これだけたくさんの方にご注文いただいているんです。

だまされないためのポイント

本当に注文してくれた人の名前と、ウソの名前をまぜて張り出している。
実際には、それほど売れてはいない。

③ 理屈ではなくムードで勧める

すごい人気です。すごい、すごい。
こんなにたくさんの人が注文してくれましたよ。
もうみんな喜んでくれていますよ。嬉しいですね。
僕もビックリですよ。本当にビックリです。

だまされないためのポイント

商品の説明ではなく「すごい人気です」「すごい人気です」「ビックリしました」「ビックリしました」と単純なセールストークを連呼してくる。
これは催眠商法の説得術の特徴だ。「この商品の良さは……」と理屈で勧めると理屈で返されて、客の決断が遠ざかることを彼らは知っている。

できる限り、理屈で考えてもらいたくないのだ。ここで注意すべきことは、彼らの術中にはまって、理屈を放棄しないことだ。

④ 注文がもらえて嬉しいそぶりを見せる

さきほども、またまた、ご注文いただきました。

今日だけで、こんなにたくさんの方にお名前をいただきましたよ（ウソの名前がたくさん書いてあるメモ帳を見せる）。

だまされないためのポイント

「注文がたくさん入っているよ」と嬉しい表情で言われると、みんな買っているのかな?と錯覚してしまう。売れていなくても、売れている笑顔を振りまくのは彼らの仕事であり、そのような笑顔に惑わされてはいけない。

⑤ ノルマがないふりをする

僕たちにはノルマはないのですよ。
どの社員に注文してもらってもいいですよ。
それよりも、お母さんが注文してくれることが僕たちは嬉しいんですよ。

だまされないためのポイント

逆に「ノルマがあります」とお願いする手口もある。客の性格を見極めて誘導している。「この子たちはノルマのためではなく、私のために勧めにきているのだ」と勘違いしてはいけない。

⑥ 負けられない戦いに巻き込む

全体では、たくさん注文が入っているのですけど、僕は他の社員に比べて、注文をもらっていないんですよ。
とっても悔しいから、僕に応援してくれたら、たくさんお土産をサービスしますよ。

だまされないためのポイント

「この客は情に厚い」と判断されると、ノルマがあるから応援してほしいとお願いされることがある。人間は競争心を煽ると高いものでも買う。負けられない戦いに客を巻き込む。「いつも親切なこの子が、注文を取れていなくて悲しんでいる」「助けてあげたい」と思わないことだ。

⑦ 支払い方法を提示する

先ほどの方に「ローンで半年後の一括払いはできますか?」と質問されたんです。で、「大丈夫ですよ」と説明したんですよ。

「じゃあ、現金ならいつまで?」という質問もありまして「今月中なら大丈夫ですよ」と教えたら、注文してくれたのです。

だまされないためのポイント

さも、客からこのような質問があったという作り話をして、客に支払いの相談をしてもらおうと誘導している。みんな相談しているなら私も相談しようと思ってはいけない。「買いたいけれど、どうやって支払っていこうかな？」と相談してはいけない。

相談すると、彼らは注文してくれる前提で話を進めてくる。

⑧ 自分のためではなく客のためだとウソをつく

僕は売りたいがために勧めているのではないんですよ。

これも、お母さんのためです。

いつも来てくれているお母さんに、いつまでも健康でいてもらいたいんです。

だまされないためのポイント

目の前の若い社員は、あなたのために勧めているのではない。自分のために勧めている。どんなきれいごとを並べられても信用してはいけない。

⑨ 内緒でサービスをする

僕は、どうしてもこの宣伝を成功させたいんですよ。

それで、早く注文をしてくれる人には、内緒でサービス品を付けてあげようと思っているんです。

早く申し込んでくれたほうが宣伝に勢いがつくからです。

明日はできないから、今、決めてくださいね。

だまされないためのポイント

彼らは、客に考える隙を与えたくないから、必死で注文を急がせる。

そこで、彼らは「内緒でサービス品をつける」と言ってくる。

サービス品は、注文への強力な動機付けになる。特別扱いに人間は弱い。

早く決めた人にだけ、内緒でサービス品を付けるというのはウソだ。

次の日も、「今日決めてくれたら、サービスします」と言っている。

⑩ 特別な日だからと勧める

今回の宣伝は、僕にとって特別です。

なぜなら主任になったばかりで、初めての宣伝だからです。

僕としてもここで勢いにのりたいんです。

こんなことは、僕とお母さんの仲だから言えることです。

主任になったばかりの僕にとって記念すべき特別な宣伝なので、注文してくれたら精一杯のサービスをさせていただきます。

だまされないためのポイント

これからこの世界で頑張っていく未来ある若者に勢いをつけさせてあげよう、とは思わないことだ。

彼らは、お年寄りのそうした心理を熟知しているから、そこをくすぐってきているのだ。

⑪ 買わないことは損だと思わせる

実は、もうすぐ、買ってくれた人だけが来ることのできる会場になりますよ。
今、注文しておくと、この会場は断られずにずっと通えるのです。
でも、注文してくれないと、もう、お母さんとは会えなくなるんです。
お母さんには、ずっとこの会場に来てほしいのですよ。

だまされないためのポイント

買わないと損をすると思わせるのは常套手段だ。注意すべきは、買わなかったことへの損ではなく、買ったことによる損を意識することである。

⑫ 数の煽りを入れる

注文できるのは今日までです。
しかも、僕が持っている注文の枠は残り1つです。
その最後はお母さんに決めてもらいたいのです。

だまされないためのポイント

「残り１個です」というのはウソで、いくらでも売ることができる。

今日までと言っていても、宣伝期間が終わった後にお願いしてくる客には、内緒で売りつけることがある。

「最後の注文はお母さんに」と持ち上げられて、目を曇らせてはいけない。

買う快感から逃げられなくなったお母さん

70代で、派手な衣装に身を包むマダムっぽい後藤さん（仮名）。

最初に会った時は、うちの会社が初めての宣伝会場だった。


とてもノリのいいお母さんで、講師の話の合間に
「は～～い」

「わ～～、すご～～い」

「あっははは」

とまるでサクラのように盛り上げてくれた。


ちなみに、うちの会社にはサクラはいなかった。

常連さんがいるので、サクラがいると絶対にばれる。サクラを雇っているような業者は二流であり、私たちはそんなものに頼らなくても熱狂させられる自信があった。

そんなサクラっぽい後藤さんを、最初は調子がよいだけのお母さんかな？と思った。売り出したとたんにテンションが下がるお調子者がよくいる。


しかし、後藤さんは本物だった。

「本来60万円するところが、今回だけ特別に30万円になりました」

「は〜〜い、買いま〜〜す」

と明るく爽やかな笑顔で手をあげる。

すべての商品を後藤さんは買ってくれた。２００万円ほどを現金で払ってくれた。

その後、私たちは各地を転々とした。後藤さんとは、それっきり会わなかった。

3年後、以前の場所に私たちは戻ってきた。そこで後藤さんと再会した。

相変わらず派手な衣装を着ていたが、かつてのように
「は〜〜い」

「あははは」

と言うのが少なくなっていた。それでも後藤さんは目立っていた。みんなが集まる前ではしゃぐのが好きだったのだろう。


しかし、嫌な情報を耳にした。

他の客から「あの人ね、あれからあっちこっちの宣伝会場に行って買い続けて、ついにお金が無くなったみたいだよ」と。この世界では**客同士で宣伝会場が好きな人たちのネットワークができている。**なので、そういうことには詳しい人がいる。

しかし、私たちはそんなことを聞いていてもひるまない。最初の商品を笑顔で勧めた。しかし、3年前とは明らかに違った。

「ごめんね。買ってあげたいけど買えないの。ごめんね。ごめんね」だった。うわさは本当だった。

3つ目の宣伝まで何も買わなかった。もちろん私たちは勧めるが、かつて山ほど買ってくれた実績があるからきつくは当たらない。あくまでも笑顔で勧める。

そして4つ目の宣伝は健康布団38万6000円だった。この講師は私が担当した。

ちなみに私は布団の話が得意だった。

当然のように後藤さんに勧めた。しかし……

「ごめんね。もうお金がないの」

「ローンでも行けますよ」

「絶対にローンだけは嫌なの」

そんな状況が続いた。

その布団の宣伝最終日。後藤さんは私を呼んで相談を持ち掛けた。

「ローンを組んでもいいです。でも、これっきりにしてください。お願いします」と。

私はいつも通り「大丈夫、大丈夫」と言った。

私たちの大丈夫の言葉は信用できない。大丈夫という言葉は、信用させるためだけのうわべの言葉だ。

ローンを書き始めて、後藤さんは泣き出した。ちなみにもう他のお客さんは帰っていた。

「あなたが、3年前に比べてずいぶんしっかりしていて、ビックリしちゃった。こんなにうまくお話ができるようになって、本当にうれしかったの。でも、ごめんね。ごめんね。最初から全部買ってあげたかったけど、〇〇で高麗ニンジンを100万円で買って、〇〇で霊芝を40万円で買って、それから、それから……もうお金が無くなって、息子に怒られてね。本当にもうローンを組むなんて情けない。もうこれしか買えないの。許してね」と泣きながら言ってきた。

その後、後藤さんのことを、うわさで聞いた。
いろいろな会社でローンを組み、ついにローンの審査が通らなくなった。
そして、他の催眠商法の会社の社員に「もう来るな」と言われたそうだ。

パチンコや競馬にのめりこみ、やめられなくなった人に似ている。
現金が底をつき、もう買えない。しかし**みんなで宣伝を盛り上げる独特の雰囲気が大好きで、そこから手を引くことができなかったのだ。**

病気の娘が助かるならと大金を出す親

葛西さん（仮名）は、旦那さんと娘さんの3人で来ていた。何でも買ってくれる太客だった。家族3人で仲良く来てくれた葛西さん。

その後、私たちは場所を移動して葛西さんと会わなくなった。

3年後、葛西さんが通える距離の場所に戻ってきた私たち。しかし葛西さんは、旦那さんとふたりで来店された。娘さんはいなかった。

「お久しぶりですね。娘さんは元気ですか？」

「実は、癌で亡くなりました」

絶句した。娘さんは見た目30代後半。どことなく病弱な感じに見えていたが、癌とは知らなかった。葛西さんもあえて言わなかったようだ。

それからいろいろと娘さんのことを聞いた。

うちの健康食品も含めて様々な免疫療法をしたが、結局助からなかったようだ。

その全ての額を足すと2000万円はかけたそうだ。

「娘が助かるなら、お金なんていらない」という気持ちで、良いと思うものは全て試したそうだ。しかし、結局助からなかった。

それでも、私たちに悪い印象は持っていなかった。旦那さんと一緒に会場に足を運んでくれていた。

その後、また私たちは場所を移動して葛西さんと会わなくなった。


そして私は、会社を辞めた。

そんな私に、葛西さんは電話をかけてきた。携帯の番号を教えていたのだ。

「お父さん（ご主人のこと）が死んじゃったの。熊ちゃん、私どうしたらいいのか分からなくて。しかもね、最近は目もだんだん見えづらくなってきてね」

あまりにも突然なことだったが、必死に話を聞いた。

「う〜〜ん」

「そんなことがあったんですか？」

話の内容が重いので、相槌を打つぐらいしかできなかった。

「目は大事にしないといけないから病院には行った方がいいよ」

そんな会話を15分ぐらいしたのだろうか？

「熊ちゃん、辞めているのにこんな電話してごめんね」

「いえいえ、葛西さんの声が聞けて良かったですよ。いつでも電話してくださいね」

という会話で終わった。

その後、葛西さんから電話はかかってきていない。

薬機法（旧薬事法）の違反にならないように「癌に効く」とは説明しない私たち。

しかし、癌に効いた人の事例をあげて説明する。

癌が治ると明言されたものではない。しかし、少しでも可能性があるならとすがりつく。治るのならお金なんていらない。

本当に治るのならそれもいいだろうが、治らない。その効果がきちんと証明されていないのだから。

しかし、やれるだけのことをしたい。奇跡を信じたい。1000分の1でも可能性があるならとすがりつく。

そんな人の弱みに付け込む。

こんな商法は、世の中から消えるべきだろう。

第5章 被害にあわないための対処法

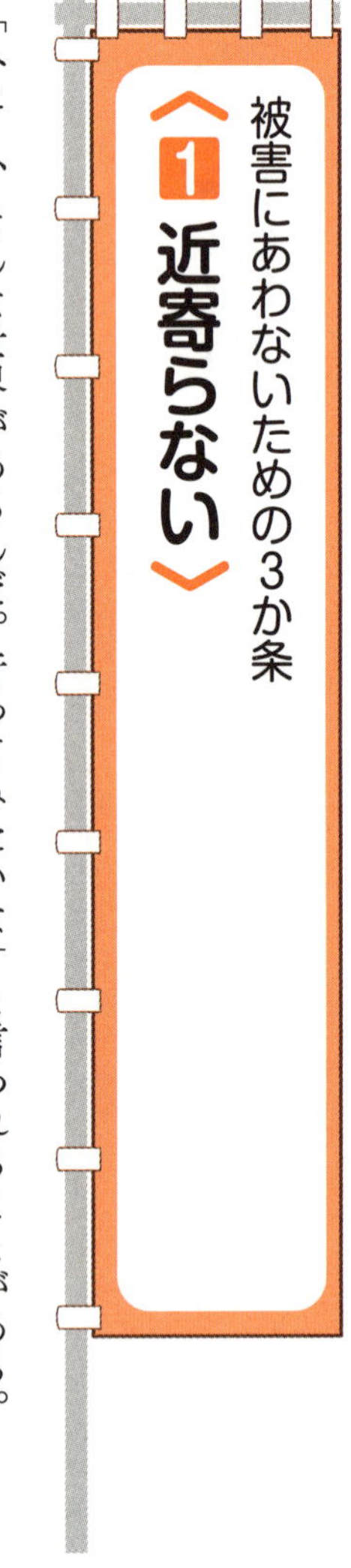

「へぇ〜、そんな世界があるんだ。行ってみたいな」と言われることがある。

確かに、知らない世界を垣間見たいという気持ちはあるだろう。自分は絶対にだまされないという自信があるのだろう。

しかし、催眠商法の被害にあわないために一番大事な点は、近寄らないことだ。

「自分は絶対にだまされない」とみんな思っているが、一旦会場に足を運んでしまうと、その雰囲気に飲み込まれてしまう。

行っても買わなければ済む話だとみんな思うのだが、そんな甘い世界ではない。

催眠商法の主流は2か月営業で、いきなり買わされることはない。危険なことは**売りつけられる前に心を奪われる**ことだ。

世の中に買い物をしない人間はいない。その購買意欲を、巧みな話術と過剰な演出で、最大限に引き出される。

買わなければいいと思っていても、みんながどんどん買い出し、買わなくちゃダメなのかな？と気持ちが追い込まれる。

さらに厄介なのは、購買意欲よりも、**買わないことへの罪悪感を刺激される**ことだ。毎日親切に近づいてくる若い社員は、買わないあなたへも優しくしてくれる。孫のような若い子。買わないと心に決めている自分に、どうしてこの子たちは親切にしてくれるのだろう？　なんだか、申し訳ない気持ちになってくる。この子たちのために、買ってあげたくなる。

行けば間違いなく楽しい。孫のような若い子に親切にしてもらえる。商品も素晴らしい。ここで買わない理由を見つけることが困難になる。

行く前はあれほど「買わないでおこう」と心に決めていたのに「これは絶対に買わなければいけない」という気持ちにさせられる。

催眠商法は時間をかけて、心を少しずつ奪っていく。1日で一気に心を奪おうとしても難しいが、何日もかければお年寄りの心は簡単に奪うことができる。

会場を熱狂的な雰囲気にするために、業者はあの手この手で集客をする。

オープンのチラシには、お米や卵などの魅力的な商品が100円と書かれている。

町では、商品の無料引換券が配られる。

心を奪った客に、新しい客を連れてくるようにお友達紹介キャンペーンをする。そして、紹介した人にも、された人にも素敵な記念品を配る。

大事なのは、**チラシが入っていても、町で商品の無料引換券が配られていても、近所の人に誘われても宣伝会場には近づかない**ことだ。

使い古されたような格言だが、「ただよりも高いものはない」と肝に銘じなければいけない。

被害にあわないための３か条
〈２「もったいない」と思わずに通うのをやめる〉

催眠商法の被害にあわないためには、近寄らないのが一番なのだが、悪の業者は表の会社の仮面をかぶり、その悪質さをうまくカモフラージュして近づいてくる。
町で何気ないアンケートに答えたとき、言葉巧みに宣伝会場に誘導されることもある。ちゃんとした会社の健康説明会だと友達に誘われて行った先が、実は催眠商法の会社だということもある。

あなたに近づく気持ちがなくても、悪の会社は、正体と目的を隠して近づいてくる。その気はなくても、ついつい、うっかり行ってしまう。そんなときはどうしたらいいのか？　逃げるタイミングはいつか？

逃げるタイミングは、できるだけ早くだ。

しかし、一旦、席についてしまうと大勢の客をかき分けて逃げるのはお年寄りには大変だ。

それなら、**次の日から行かなければいい。**

業者は次の日も来てもらおうと、次の日に配るお土産を価値づける。

そのお土産がとても欲しくなるところだが、「次の日だけでももらいに行こう」とすると、またその次の日も行きたくなる。


売り出しという危険日が近づくときや、売り出し中に客は減っていくのだが、どれだけの客が減るのかは地域性や、買う客の残り具合によって大きく違う。

ほとんど減らない時や、150人が70人に、半分以上が一気に減ることもある。なので、どのタイミングで逃げるかは、とにかく早い段階としか言えない。

「売り出し前に逃げる」と考えるのではなく、「心を奪われる前に逃げる」ほうがいい。

帰りたくても、大勢の客のなかでは難しい。そんなときは、愛想のよい販売員の接客に、愛想よく返さないことだ。

販売員は、「こんにちは」の何気ない声掛け１つでも、客の反応に対して、見込み客のランク付けをしている。

彼らは、最初から売りの話はしない。あなたの緊張を解きほぐす世間話を中心にしてくる。そのときにあなたの性格は観察されている。

このおばあちゃんは、責めやすいかどうかだ。

笑顔で話しかけたときに、笑顔で返してくれる客は責めやすい。人がいいほど責めやすい。押しに弱い。

完全に無視するのもありだが、彼らも馬鹿ではない。無視を決め込んだ客は見込みが全くないということで、心の無い言葉をかけられる。

「お母さん、しゃべらないの？　何しに来ているの？　無視されたら宣伝にならないよ」と責められる。

自分の孫のような若者に心無い言葉をかけられるのは腹ただしいものだ。

なので、**無視よりも冷たく薄い反応で返した方がいい。**

また、講演に大きくうなずき、笑い、そして驚き、感情が大きく揺さぶられている客は、見込み客認定だ。

濃い見込み客と思われれば思われるほど、しつこく付きまとわれ、帰りたくても「いい話があるんだよ」と個人的に呼び止められて、帰らせてもらえない。

高額商品の売り出しが始まった時は、しっかり断ることだ。

講演会後にしつこく従業員に付きまとわれるのは、このときにしっかりと断らない客だ。しっかり断る客は、講演後に速やかに帰っていく。

目の前の、孫のような世代のかわいい若者が優しく接してくれるからと言って、1つ買っても、ずっと楽しく通えるわけではない。

従業員が優しく接するのは、自分の売り上げのためだからだ。

買い続けることができない客は、どんどん責められるようになる。

つまり、どこかで通うのをやめないと、ずっと売りつけられる。

やめるタイミングをいつにしようかと考えるのではなく、思い立ったがやめ時だ。

「せっかくだから、あと1日だけ通おう」という気持ちで次の日も行くと、結局また行きたくなり、やめられなくなる。

魅力的なお土産が次の日にあったとしても、従業員が親切でかわいくても、次の日から行くのをやめたほうがいい。

被害にあわないための3か条

〈3 クーリングオフに遠慮をするな〉

催眠商法の被害にあわないためには、その手口を知ることがとても有効だ。

しかし、相手の手口を頭で理解していても、心を持って行かれることがある。


相手は理屈で説得してくるだけではなく、気迫で説得してくる。


「これはお母さんのために必要なんだよ」

「とにかく、絶対に良いものだから、僕を信じてよ」

と、自分の孫のようなかわいい子が必死で訴えてくる。

販売員は客に考える隙を与えない。売り出しが始まり、その場が熱く盛り上がっているうちに一気に攻めてくる。理屈で攻めるのではなく
「はいはい、もう決めとこうね」

「大丈夫、しとこうね」

と、セールストークはとても幼稚で単純だ。だからこそ、その熱量に押されて、お年寄りは買いたくないものをうっかり買ってしまう。

そこまで言うならと買う意思を示した瞬間、彼らは「ありがとう」と満面の笑みで、あなたの心を温かく包み込む。そして、商品を渡される。

家に帰り、「どうして買ったのだろう」「やっぱり返したい」と思っても、心がそれを許さない。

今さら、「やめときます」というのは恥ずかしい。みっともないと思ってしまう。私が買うことで、あの子があんなに喜んでくれたのに、返したらあの子は私のことをどう思うのだろうと不安になる。

しかし、**遠慮をすることはない。まともな価格の買い物ではない。**

とはいえ、会場に直接商品を返しに行くのは勇気がいるだろう。

契約後、数日しかたっていなくても、素直に返品に応じるかどうかは業者によって、もしくは担当した従業員によって大きく変わる。すんなりと返品に応じられる時もあれば、そう簡単に返品は受け付けてもらえない時もある。

例えば「ごめんね」と弱弱しく返品しようとしてくるおばあちゃんが来たとする。彼らにとって、30万円、40万円の売り上げがなくなることなので必死にキャンセル防止に努める。

「僕はお母さんのために、どうしてもこの健康食品を飲んでもらいたいんです」「今、返品したら絶対に後悔しますよ。このような良い条件では二度と手に入らないんですよ」

「これだけは、絶対に喜んでもらえる自信があるから、僕を信じて考え直して」と必死に涙ながらに説得をしてくる若者。考え直すまで帰らせてくれないこともある。

業者によっては「商品を返すのなら、今まで渡したお土産も返してよ」と脅迫をすることもある。

もちろん、お土産は返す必要はない。お土産は業者が客寄せのために配っているもので、購入した人へのサービス品ではないからだ。

商品を返した後、速やかに立ち去ることができればいいが、親身になって話をしてくれる若い子を前にすると、それができないお年寄りは多い。

30代、40代といった現役世代の人が一緒についてきたときは素直に返品に応じることもあるが、気の弱いおばあちゃんがひとりで返品に来られると、何とか丸め込んでやれと販売員は思うのだ。

このように、店に直接持って行く方法は手っ取り早くすむやり方に思えるが、うまく行くときもあれば、業者に説得されるというリスクもある。


そういった業者からの説得を避けるために有効なのが、**「クーリングオフ」**という制度だ。クーリングオフとは、**無条件で契約を解除できる制度**だ。

催眠商法には、**8日間**のクーリングオフ期間がある。契約後8日以内なら、無条件でその契約を解除できる。

法律上、クーリングオフは口頭ではなく、**書面で行うことが原則**となっている。

過去には口頭によるクーリングオフも認められた判決も出ているが、後のトラブルをさけるために書面で行ったほうが安心と言える。

この書面の書き方については、後ほど紹介する（２１８、２１９ページ参照）。クーリングオフをすると、業者に引き取り義務が生じて、業者負担で引き取ってもらうことができる。**店に直接商品を持って行かなくてもよくなる**のだ。

もし、業者が家に来て、説得をしようとしてきても、それにつき合う必要はない。無条件で解約ができる制度なので、解約の理由を言う必要もない。しつこく業者が説得をしてきた場合、その行為はクーリングオフの妨害行為になってしまう。

クーリングオフは消費者を保護するための制度として強力だ。

クーリングオフをすると、契約は無かったことになる。支払った分は返金され、損害賠償や違約金を支払う必要もない（ただし化粧品、健康食品などの消耗品を自分の意思で使用した場合で契約書にその旨の記載がある場合は、その使用した商品に対して買取の義務が生じる）。

顔を合わせたくない場合は、商品の引き取り方法を、業者が直接訪問しての回収ではなく**着払い**にしてもらえるように要求すればいいだろう。

「契約を担当してくれた人に申し訳ない」と思いがちなお年寄りには、直接業者に商品を返しに行くよりも、書面によるクーリングオフを強くお勧めする。

冷静になって考えてみると必要がないものを、言葉巧みに買わされることがある。そんなとき契約の解除ができるように、猶予期間としてクーリングオフ制度が定められている。

国が定めた消費者を守るための制度なので、遠慮をする必要はない。

催眠商法で売られている商品は本物か？

客は「病気が治る」「病気が予防できる」と信じ込まされている。

そこで、その効能は本物なのか？という話をしたい。


催眠商法で売られる高額商品のほとんどは、健康食品と健康器具で
「飲むだけで体質を改善できる」

「身に付けるだけで血行が良くなる」

「寝るだけ、座るだけで健康になれる」

と、お手軽に健康になれるものばかりを紹介している。

しかも、何十万円もする。かなり高額だ。

健康食品は高額であるほど効果が高いと思われやすい。

業者は、そのふざけた価格の正当性をもっともらしく説明する。

「世界でも限られた、ごく一部の地域でしか採れない貴重な成分です」

「一般の人には出回らない健康食品です」

と言われると、客は大金を出してでも手に入れたくなる。

しっかりとした研究機関のデータも示され、「ここまで言うのだから、話半分だとしても、少なくとも市販の健康食品よりはいいだろう」と思うものだ。


例えばブルーベリーの健康食品があるが、1年分20万円以上で売るためには、市販のものよりも価値づけないといけない。厳選された原料に、こだわりの製法。市販のものにはない付加価値のある補助成分を配合したなどと説明される。その説明が本当だとしても、はたして市販のものよりも効果があるのだろうか？


そもそも、**本当に効き目があるのなら「医薬品」になってしまう。**医薬品は医師や薬剤師の管理の下で処方や販売されるので、催眠商法の会社が扱うのは法律違反だ。

健康食品は、劇的な効果が期待できるものではない。

そこで、「天然の成分なので薬と違ってすぐに効くのではなく、1年間飲み続けないといけません」と業者は説明する。1年間飲み続けた客は、逆に悪くなったり、現状維持だったり、少し良くなったりと様々だ。そのなかで、少し良くなった気がする人が「飲んで良かった」という声をあげているのだ。

宣伝では、その良くなった声を集めて体験談として聞かせる。しかし、その裏で何の効果もなかった人は実に多い。思い込みによる効果が大きく、その効き目が本当かどうかを確かめるすべはない。

多くのお年寄りは大金を出した自分を正当化したいという心理が働くようで、現状維持でも、少し悪くなっても、飲んでいたから大きく悪化せずに済んだと思い感謝をする。

たくさんのお年寄りに買ってもらい、感謝の言葉をいただいたが、はっきりと効果があるとも言えないし、効果が全くないとも言えない。

催眠商法で扱っている商品が本物かどうかだが、説明される原材料などは本物であることが多い。原材料がウソだと違法行為の証拠になってしまうからだ。

「ローヤルゼリーが入っています」と説明されているにも関わらずローヤルゼリーが入っていなければ、詐欺と認定されてしまう。なので、**たいていの場合、原材料は本物であるが、効能は大げさに説明されている。**

健康食品は医薬品と違い、効能効果を説明して販売することができない。「癌に効きます」「癌が治ります」という説明は薬機法（旧薬事法）違反になってしまう。にもかかわらず、閉め切った会場内で効能効果を説明する違法行為がおこなわれている。

高額だからと言って効果が高いと思うのは勘違いだ。どんなに高額であっても医薬品ではなく、あくまでも健康食品だ。町で見かける健康食品と同じで、国から治療効果が認められているものではない。

たとえ効果があったとしても、**医薬品には至らない微弱な効果しか期待はできないのだ。**

親がだまされていないか、子どもがチェックするときのポイント

自分の親は大丈夫か？

本書を読まれたあなたは、心配になるだろう。

自分の親が何の予備知識もないままに、催眠商法の会社に足を運んでしまったら？

想像するだけで恐ろしい。

親が高齢になり、仕事を引退したあと、あなたが一緒に住んで暮らしているのなら、催眠商法の店に通っていることに気付きやすい。

毎日決まった時間に出かけるようになり、決まった時間に帰ってくるようになる。

そして、毎日、何かしらのお土産を持って帰る。

それが、卵やパンなどの生活に必要なものだとしても、今までそのようなものを持

って帰ることなんてなかった。

ある時期から毎日何かしらの日用品を持って帰るようになってくる。

このような場合、かなりの確率で、会場に足を運び、お土産をもらってきていると思っていいだろう。


しかし、あなたが親と離れて暮らしている場合はどうだろう？

この場合のチェックするポイントがある。


あなたが実家に戻った時、どこかの部屋に今使う必要のないような日用品がたまっていないだろうか？


親の趣味とは違うものが、家にごろごろ置いてある。

使っていないボディーソープ、洗剤などの日用品がたまってきている。

消費しきれないほどの食料品がたまってきている。

親は消費しきれないことから、あなたに「持って帰っていいよ」と言う。

そのほとんどは、町の店で見たことのないメーカーのものだ。

催眠商法は、客寄せのお土産にこだわっている。町でよく見かけるものではなく、あえてその商品的価値が分かりにくいメーカーのものを配っている。

知られていない商品の方が価値づけの説明がしやすいからだ。

そういった視点で親の実家にたまってきている日用品・食料品を見ると、買ってきたものではなく、どこかの会場でもらってきたものだと推測できる。


さらに、家のなかを見渡すと、見たことのない健康食品の瓶や箱が置いてあったとする。

その健康食品は、催眠商法の高額な価格で買わされたものか？

それとも、ドラッグストアや通信販売で良心的な価格で買ったものか？


チェックポイントは、2つある。

まず、**商品的価値が分かりにくい。もしくは聞いたことも見たこともない名前の健康食品である**かどうかだ。

催眠商法は、1年分20万円や30万円といった高額の健康食品を売りつける。

そのために必要なのが、商品的価値をお年寄りに理解させることだ。

誰でも知っている健康食品も扱ってはいるが、主流は世の中の人にほとんど知られていないものであることが多い。

そのほうが、商品的価値を高めに説明しても怪しまれないからだ。

例えば、青汁や、ビール酵母など、誰でも商品的価値をイメージできる健康食品を1年分20万円と言っても、誰も買わない。

これが、商品的価値が一般の人に分かりにくい高麗人参や霊芝だと、1年分20万円が安いと感じてしまう。

そして、2つ目のチェックポイント。

それは、**どこかで買ってきたであろう健康食品で、同じものが1つではなく5つ以上まとまった数で置かれている**かどうかだ。

いくらその健康食品を気に入っているからといって、ドラッグストアで1年分や2年分をまとめて買うだろうか？　普通は2つか3つまでだろう。

もちろん、今お話ししたチェックポイントは絶対ではない。

商品的価値がイメージできないものでも、通信販売で比較的安値で購入していることもある。

そこで、**頭から催眠商法だと決めつけるのではなく、まずは親の買い物に対して興味を持つ**形で会話をしてみてはどうだろう。

そして、その会話のなかで、会場に足を運んでいることが分かっても、頭ごなしに注意をしないほうがいい。

心配したくなる気持ちは分かるが、逆の立場で考えてもらいたい。

あなたが子どものころ、親から様々な心配の声をかけられただろう。

「いつまで遊んでいるの？　勉強しなさい」

「好き嫌い言わずに食べなさい。大きくなれないよ」

そんな親の心配の声に「うるさいな〜、分かっているよ」とうんざりしたのではないだろうか？

そんなあなたが、年を重ね、親と立場が逆転する。今度はあなたが親を心配する。

心配の声は上手く伝えないと、「叱られている」と勘違いされてしまいがちだ。そうなると高齢になった親は心のシャッターを閉めてしまい、あなたの心配の声は届かなくなる。

頭ごなしに否定をせずに一緒に考える。そして過去に通ったことを非難しないことだ。そうでないと、あなたに内緒で会場に足を運ぶかもしれない。

大事なことは、社会的に孤立をしがちな高齢者が**会場に通う気持ちにも理解を示し、まずは話を聞いてあげる**ことだ。

離れて暮らす子どもが親に「気を付けてね」と伝えるときのポイント

催眠商法では、ひとり暮らしの高齢者は格好のターゲットになる。

「家族に相談してから決めます」という断り文句が出ない、おいしい客だ。

離れて暮らす子どもとしては心配で仕方がない。

自分の知らないところで、親がふざけた価格の買い物をさせられている。

しかし、親と離れて暮らしている場合、なかなか親の行動をチェックしてはいられない。


そこで必要なのが、まずは親子で話をすることだ。電話でもいい。

その際に気を付けてもらいたいのは、**具体的に話をする**ことだ。

「詐欺にあわないように気をつけてね」という一言だけでは、具体的に何に気を付けていいのか分からない。

それに、高齢者の多くが自分は大丈夫だと思い込んでいる。子どもが「気を付けてね」と言っただけでは「分かっているよ」と思われておしまいだ。

手口は巧妙化している。親が認知症でなくても、しっかりした判断能力があると言っても安心できない。

催眠商法は、離れて暮らすあなたの親の孤独感を埋めるからだ。

どんなにしっかりした親でも、近所の人との会話もなく、困ったときに頼る人がいないと、社会的な孤立感で不安に感じてしまう。

「近所に話を聞くだけでお土産がもらえる会場がオープンしても、絶対に近づかない方がいいよ」

「近所の人がたくさん集まっていても、会場の雰囲気に酔わされて、高額な商品を買わされるからね」

と具体的に教えてあげることだ。

詐欺被害を未然に防ぐために、まずは、近寄らないことが大事であるが

「大きな買い物をする時は、一言教えてね」

「もし、買ってしまっても教えてね。絶対に怒らないから」

と言っておくことも大事だ。


被害に気づくのが早ければ、クーリングオフをすることができる。

しかし親が「あの子に叱られるかも？」と思ってしまうと、口を閉ざしてしまう。

親にとって、子どもに大きな買い物をいちいち報告するのは面倒なことだ。

そんななかでも、親が教えてくれたのなら、その買い物が詐欺だったとしても責めないほうがいい。現役世代のあなたがおかしいと思っていても、親はだまされたと思っていないのだ。

「どうして、そんな怪しいものを買ったの？」ではなく、「報告してくれてありがとう」と、親の報告した気持ちに理解を示した方がいいだろう。

もし被害にあってしまったら

本書の最大の目的は、被害にあわないための予備知識であるが、それでもうっかりと被害にあってしまったときの対処法を紹介する。

催眠商法は、特定商取引に関する法律において訪問販売の一種とされている。**クーリングオフ**という、契約書面等を受け取った日から8日以内に、無条件で契約を解除できる制度が、法律で定められている。

クーリングオフは必ず書面で行う。はがきで大丈夫だ。

その方法は、**まず契約を解除する旨をはがきに書き、簡易書留か特定記録郵便で販売業者に発送する。クレジット契約をしている場合は、クレジット会社と販売業者の両方に出す。**

〔販売会社あて〕

通知書

次の契約を解除します。

契約年月日　平成○○年○月○日
商品名　　　○○○○○
契約金額　　○○○○○○○○円
販売会社　　株式会社××××　□□営業所
　　　　　　　　　担当者　△△△△△△
支払った代金○○○○○円を返金し、商品を引き取ってください。

平成○○年○月○日

○○県○市○町○丁目○番○号
氏名　○○○○○○

※国民生活センターのホームページ より

〔信販会社あて〕

通知書

次の契約を解除します。

契約年月日　平成○○年○月○日
商品名　○○○○○
契約金額　○○○○○○○円
販売会社　株式会社××××　□□営業所
担当者　△△△△△△
クレジット会社　△△△△株式会社

平成○○年○月○日

○○県○市○町○丁目○番○号
氏名　○○○○○○

※国民生活センターのホームページ より

証拠として、はがきの両面をコピーし保管することも忘れないでもらいたい。

このはがきは、相手に到達したときに効力が生じるのではなく、発送したときに効力が生まれる。

例えば、2月2日に契約したのなら、その日を含めて8日以内の9日までに発送をすればいいいわけで、到達が10日以降になったとしても有効だ。

その記載例が、国民生活センターで紹介されている（218、219ページ参照）。クーリングオフを使うと契約は解除され、なかったものと同じことになる。代金を支払う義務もなくなり、支払い済みのお金を請求することができる。また、業者に会う必要も、違約金を支払う必要もない。商品を持って行かなくても、商品を引き取るのも業者であり、引き取り費用も販売業者負担だ。

このように、クーリングオフは消費者にとって、最も強力な契約解除方法だ。

しかし、クーリングオフ期間が経過したからといって、不当な契約を泣き寝入りする必要はない。

「不当に契約させられた」という違反行為が業者にある場合、消費者に取消権が生じる**消費者契約法**という法律が平成13年に施行された。契約するまで帰らせてもらえなかったり、だまされて契約させられたりと、強迫や詐欺などの不当な契約の場合、この法律によって契約を解除することが可能となった。

しかし、個人でこの法律に基づいて業者と交渉するのは、ハードルが高いだろう。まずは、**近くの消費生活センター等に相談したほうがいい。**

契約金額が高額である場合、法的な解決を図るため弁護士への相談を勧められることもある。また、販売業者の悪質性が認められると、相談員が相談者とともに、販売業者の販売方法の問題点を指摘し、返品の交渉に入ることもある。

こういった交渉は個人では難しい。どうしていいのか分からない時は、近くの消費生活センター等に連絡をすることだ。

親が被害にあったときの対処法

お年寄りを破滅に追いやる催眠商法。
あなたのお母さんが、心を奪われて通いつめ、貯金をどんどん吸い取られ、保険も解約させられ、ローン地獄に落とされる。想像しただけで腹立たしいことだ。許せないだろう。

しかし、お母さんにはまったく被害意識がない。
販売員が良い人だから。
商品がとてもいいものでお得だったからと、心から信じている。
実際にお年寄りから訴えられる確率は、他の悪徳商法に比べて極端に低い。
それだけ、しっかりと洗脳させられているからだ。

このように、**被害者意識がない親に子どもはどう接したらよいのだろう？**

だまされていることに気づかせることは、大変難しい。いきなり「それはだまされているよ」と言ってもなかなか信用してもらえないだろう。

頭ごなしにお母さんを非難すると、逆に「何も知らないあなたに言われたくない」と反発される。

お母さんは会場に通い詰めるうちに、業者を信用しきっている。

あなたの心配する声が、逆に「見てもいないのに否定されている」と捉えられてしまう。

すると、今度はあなたに会場であったことを一切話さなくなることもある。「どうせ言っても否定するだけでしょ」と、何をどれだけ買ったのか教えてくれなくなる。

業者は客からの「家族に相談してから」という断り文句に、こう答える。

「家族に相談したって仕方がないよ。どうせ何も知らない人は反対するんだし、それよりも、本当にお母さんのために僕たちは勧めているんだよ」と。

そして、客の子ども以上に心のこもった接客をする。

こうして洗脳されたお母さんには、できる限り気持ちを傷付けないようにしなければいけない。

頭から否定せず、お母さんの話を聞いてあげることも必要だ。

口を固く閉ざされないように、慎重に話を進めていかなくてはいけない。

そのうえで、**本人自らが疑問をもつようにしていく**ことが大事だ。

①お母さんが購入した商品を頭から否定しない、全くの無価値であることはまずないが、どの程度の価値があるのかを一緒に考えてあげる

②その会社はどれだけ社会的に信用されているのかを一緒に考えてあげる

③本書に書いてある事例を話してあげるのもいいだろう

そうした上で、「こういったことに詳しい人の話も聞いてみようよ」と、消費生活センター等に話を聞いてもらうのはとても有効だ。

悪質業者のトラブルと直接向き合っているプロの話は、とても参考になる。

第三者からの的確な指摘により、お母さんは被害者意識を初めて認めることになり、その後の返品、解約の交渉に移ることができる。

具体的にどのように交渉していくかはそのときに相談し、また被害が大きければ、弁護士を紹介してもらい進めていけばいいだろう。最初から弁護士のところに連れて行っても、お母さんに被害者意識とお金を取り戻す意思がなければ、弁護士もなかなか動いてはくれない。


あなたが心配の声を上げれば上げるほど、洗脳されたお母さんは、隠れて会場に通いつめ、あなたの話に耳を貸さなくなる。

社会的に孤立をしがちなお年寄りにとって、貴重な娯楽と思われがちな催眠商法の会社。そこへ通うお年寄りの気持ちを察してあげることも大切だ。

そのうえで、本人自らが目を覚ましてくれるように話を進める。

そして、一旦解決した後も、再び会場に通うことがないように、継続的にコミュニケーションをとり、見守っていかなければいけない。

電話番号「188」消費者ホットライン

誰もが知る緊急の電話番号「１１０番」警察、「１１９番」救急車。

それと同じように、消費者トラブルにも覚えやすい3桁の電話番号がある。


「１８８番」消費者ホットラインだ。

消費者トラブルが起きたときに、身近な消費生活相談窓口を案内してくれる。

催眠商法のトラブルに巻き込まれたとき、ひとりで悩まずに、消費者ホットラインを利用してほしい。


「188」「嫌や！（イヤヤ！）」のごろ合わせが便利だ。

まだまだ知らない人も多い番号だが、「１１０番」や「１１９番」のように誰もが知っている番号になってほしい。

「消費者ホットライン」188番　操作の流れ

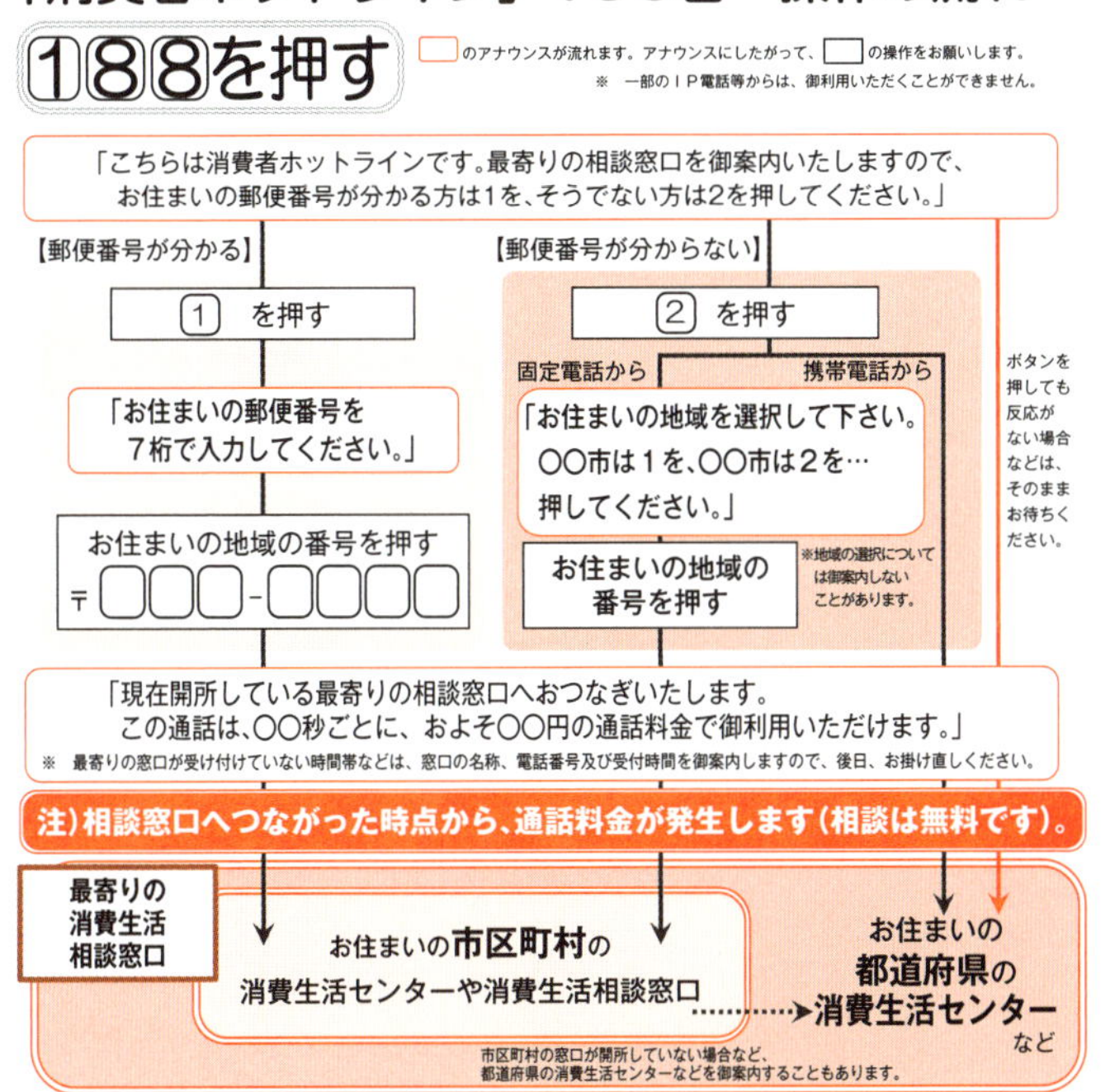

※消費者庁ホームページより

おわりに

催眠商法の会社で働く人間の心理

最後に、催眠商法の会社で働く人間の心理を伝えたい。

催眠商法の会社は、その正体を隠して求人をする。

求人に記載されている仕事内容は「健康食品・健康器具の販売」などで、給与などの待遇も普通の一般的なものに見える。

催眠商法の存在を知っていなければ、求人では業務内容が分かりにくい。

そのため、催眠商法の会社と知らずに、何となく入社する人がほとんどだ。

私も、知らずに入社した。


新入社員は、すぐに客の前には出さない。まずは、裏で、会場の様子を感じさせる。会場内にお年寄りを集めての営業であることに理解を示した人だけ、正式に採用する。最初の1週間ほどは、裏でみんなのお手伝いが主な業務になり、それから客に「新入社員です」と紹介される。

入社したばかりのころは、怪しい仕事内容に驚くが、意外なほど逃げる人は少ない。詐欺まがいな会社とはいっても、法律の範囲内という安心感と楽に稼ぐことができるかもしれないという期待感があるからだ。

訪問販売と違って客が自ら来てくれる。

ターゲットは情に厚い世代のお年寄りで話を聞いてもらいやすい。

判断能力が衰えてきているお年寄りで説得が楽に感じる。

訪問販売は、最初のアプローチから説明、契約に至るまで全てひとりでやらなければいけないが、グループ営業なので、講師は講演、アシスタントは個別の接客などというように役割を分担できるので効率が良い。


基本給そのものは、一般的な会社とさほど変わらないが、実績によって支給されるボーナスが大きい。

1つの高額商品は大体7日間かけて宣伝する。その都度、一定のラインの売り上げを超えると、売り上げへの貢献度によって臨時ボーナスが支給される。

調子が良ければ、1か月に4回の臨時ボーナスがある。

しかし、周囲に胸を張って言える仕事内容ではない。

世間から軽蔑をされる仕事だ。

結婚の約束をした彼女のご両親に、仕事内容を調べられて、婚約解消になった社員もいた。子どもにも「お父さんの仕事は……」と詳しく言えない。

そんななかでも、「扱っている商品は良いものだ」と自信を持つことでみんな自分を正当化させていた。

私は、辞めることができて本当に良かったと思っている。

どんなに、自分を正当化するように思い込んでいっても、購買意欲を過剰なほど刺激され、老後破産に追いやられるお年寄りはいるのだ。

ひとりでも被害にあう方が少なくなるように、この本が役立つことを願っている。